Anne Braun (Hrsg.)
Das bunte Frühlings- und Osterbuch für Kinder

Anne Braun
wurde 1956 im Schwäbischen geboren.
Nach dem Übersetzerstudium an der Universität Heidelberg
ist sie nun als Sprachlehrerin, Übersetzerin für Italienisch,
Französisch und Englisch sowie als freie Autorin tätig.
Im Arena Verlag hat sie u.a.
»Das große Advents- und Weihnachtsbuch für Kinder« herausgegeben.

Annegret Ebert,
Jahrgang 1963, studierte Grafik-Design an der Fachhochschule
in Münster. Sie ist als Illustratorin für verschiedene Verlage tätig;
am liebsten stattet sie jedoch Kinderbücher aus.

Das bunte Frühlings-und Osterbuch für Kinder

Herausgegeben von Anne Braun

Mit farbigen Bildern von
Annegret Ebert

Die Deutsche Bibliothek – CIP-Einheitsaufnahme

Das bunte Frühlings- und Osterbuch für Kinder / hrsg. von Anne Braun.
Mit farb. Bildern von Annegret Ebert.
- 1. Aufl. - Würzburg: Arena, 1996
ISBN 3-401-04563-6
NE: Braun, Anne [Hrsg.]; Ebert, Annegret

1. Auflage 1996
© by Arena Verlag GmbH, Würzburg 1995
Alle Rechte vorbehalten
Einband und Innenillustrationen: Annegret Ebert
Gesamtherstellung: Westermann Druck GmbH, Zwickau
ISBN 3-401-04563-6

Inhalt

1. Kapitel:
HURRA, DER FRÜHLING IST DA!

2. Kapitel:
DIE ZEIT VOR OSTERN

3. Kapitel:
OSTERN – DAS FEST DER FREUDE

James Krüss

Das Oster-Abc

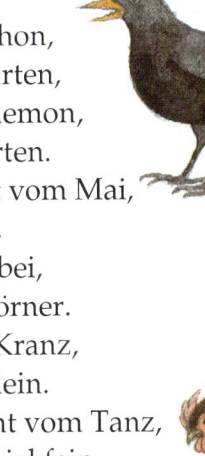

Alle Vögel singen schon,
Blumen blühn im Garten,
Crocus, Veilchen, Anemon,
Die verschämten, zarten.
Eine Amsel schwatzt vom Mai,
Ferne blasen Hörner,
Glocken läuten nahebei,
Hühnchen suchen Körner.
Ida flicht sich einen Kranz,
Jakob neckt ein Zicklein.
Küsters Frieda träumt vom Tanz,
Ludwig macht sich piekfein.
Mutter Margaretha fährt
Nobel zur Kapelle.
Ottokar, der Mops, verzehrt
Plätzchen auf der Schwelle.
Quicklebendig wird's im Haus:
Ruth und Xaver Meier
Suchen fleißig drin und drauß
Taubenblaue Eier.
Unterm Bett, in Uhr und Hut,
Vase, Topf und Lade
Wühlen sie. Da findet Ruth
Xavers Schokolade.
Ypsilon, ist das nicht nett?
Zett.

Alle Vögel sind schon da

Text: Hoffmann von Fallersleben
Melodie: Volksweise

1. Al - le Vö - gel sind schon da, al - le Vö - gel al - le!

Welch ein Sin - gen, Mu - si - zier'n, Pfei - fen, Zwit-schern, Ti - ri - lier'n!

Früh - ling will nun ein - mar-schier'n, kommt mit Sang und Schal - le.

Wie sie alle lustig sind,
flink und froh sich regen!
Amsel, Drossel, Fink und Star
und die ganze Vogelschar
wünschen uns ein frohes Jahr,
lauter Heil und Segen.

Was sie uns verkündet nun,
nehmen wir zu Herzen:
Wir auch wollen lustig sein,
lustig wie die Vögelein;
hier und dort, feldaus, feldein
singen, springen, scherzen!

1. KAPITEL:

HURRA, DER FRÜHLING IST DA!

Wenn am 21. März offiziell der Frühling beginnt, ist auch Ostern nicht mehr allzu fern.

Ostern ist ein wichtiges Fest in der christlichen Welt: das Fest der Auferstehung Jesu von den Toten.

Doch es ist auch ein Frühlingsfest, das gefeiert wird, wenn die Natur wieder zu neuem Leben erwacht. Krokusse und Veilchen blühen, und an den zuvor noch kahlen Ästen der Bäume sprießen die ersten Knospen. Die Zugvögel sind aus dem Süden zurückgekehrt und wecken uns morgens mit ihrem fröhlichen Gezwitscher.

Die Kinder warten voller Ungeduld auf den Morgen des Ostersonntags. Gleich nach dem Aufstehen machen sie sich auf die Suche nach dem Nest mit buntbemalten Eiern, Süßigkeiten und anderen Überraschungen, die der Osterhase für sie versteckt hat. Auch die größeren Kinder, die nicht mehr so recht an die Sache mit dem Osterhasen glauben wollen, suchen voller Eifer. Manchmal fallen dem Osterhasen wirklich die unmöglichsten Verstecke ein!

Katrin Arnold

Tobi findet den Frühling

Nach dem langen Winter freuen sich alle Leute, wenn endlich Frühlingsanfang ist. An einem Frühlingsanfang aber konnte sich niemand freuen: Draußen war es kalt, und ein eisiger Wind trieb Schauer durch die Straßen. In Tobis Vogelhäuschen drängten sich die Spatzen um das ausgestreute Futter.

»Kommt der Frühling in diesem Jahr gar nicht?« fragte Tobi traurig.

»Natürlich kommt er in diesem Jahr auch, wie jedes Jahr«, sagte Mama, »er ist sicher schon ganz in der Nähe. Vielleicht wartet er im Wald, bis es nicht mehr so kalt ist bei uns – weißt du was, wir gehen den Frühling eben suchen!«

Und nach dem Mittagessen, als der Wind nicht mehr so scheußlich schnaubte, lud Tobi seine Freundin Janina zum Frühlingssuchen ein, und Tobis Mama fuhr mit den beiden aufs Land hinaus.

»Was ist das – Frühlingssuchen?« fragte Janina und zappelte während der Fahrt im Auto aufgeregt auf dem Rücksitz herum.

»Gleich werdet ihr es erleben«, meinte Mama und bremste neben einer Wiese am Waldrand. »Die Frühlingssucher aussteigen, bitte sehr!«

Sie stiegen aus und schnupperten, ob die Luft vielleicht schon nach Frühling duftete – doch sie rochen nichts Besonderes. Sie horchten, ob irgendwo wohl ein Frühlingsläuten ertönte – doch sie hörten keine Klänge.

»Wir wandern jetzt über die Wiese und durch den Wald«, erklärte Mama, »und wer zuerst eine frische grüne Blattspitze entdeckt oder eine dicke helle Knospe oder gar eine Blume, der hat den Frühling gefunden.«

Sie wanderten los und gaben gut acht. Doch das Gras duckte sich noch schlapp und matschig in die Wiese; sie konnten genau erkennen, daß es nicht in diesem Jahr gewachsen war. Die Knospen an den Zweigen der Büsche und Bäume waren noch klein und dunkel, und nicht eine einzige Blume kam aus dem Boden.

»He!« rief Tobi plötzlich. »Was ist denn das? Ich habe eine Kastanie mit einem Horn gefunden!«

Eine Kastanie mit einem Horn? Was hatte Tobi aus dem braunen Laub hervorgeholt? Mama betrachtete das Ding – tatsächlich, da spitzte ein hellgrünes Horn aus einer Kastanie.

»Tobi, lieber Tobi«, sagte Mama fröhlich, »das ist kein Horn, das ist ein

Keim, ein frischer Frühlingskeim! Und wenn wir die Kastanie in die Erde legen, wächst aus dem Keim ein Blatt. Daraus wird eine Pflanze, und aus der Pflanze wird ein Baum. Weißt du was? Du hast den Frühling gefunden!«

»Hurra!« riefen Tobi und Janina. »Das erzählen wir den anderen!«

In diesem Augenblick strahlte die Sonne durch die dicken Wolken, und Mama sang mit den Kindern »Winter ade . . .«.

Josef Guggenmos
Die Tulpe

Dunkel
war alles
und Nacht.
In der Erde tief
die Zwiebel schlief,
die braune.
»Was ist das für ein Gemunkel,
was ist das für ein Geraune?«
dachte die Zwiebel,
plötzlich erwacht.
»Was singen die Vögel da droben
und jauchzen und toben?«
Von Neugier gepackt,
hat die Zwiebel einen langen Hals gemacht
und um sich geblickt
mit einem hübschen Tulpengesicht.
Da hat ihr der Frühling entgegengelacht.

Erica Lillegg
Der 1. April

s gibt Leute, die sehr leicht in den April zu schicken sind. Rantschigei gehört zu ihnen.

Für diesen 1. April aber nahm sie sich fest vor, scharf aufzupassen und sich nicht anführen zu lassen. Im Gegenteil: Sie selbst wollte jemandem einen Schabernack spielen. Aber wem? Peps fiel ihr ein. »Bei Peps«, dachte sie, »wird es mir nicht schwerfallen. Schließlich ist er ja noch ein kleiner Junge.«

Sie machte sich auf den Weg und überlegte, wie sie es anstellen sollte. Es war ein schöner, warmer Tag. Alle Fenster standen offen, um die Frühlingssonne einzulassen. Dies brachte sie auf einen Gedanken. Vergnügt lief sie die Treppe hinauf.

Peps begrüßte sie erfreut und wollte sie in sein Zimmer führen. »Nein, gehen wir lieber ins Wohnzimmer!« sagte sie. Das war Peps auch recht; er bot ihr höflich wie ein Erwachsener einen Sessel an und fragte: »Was gibt es Neues?«

Denn Rantschigei erzählte ihm stets, was sie seit ihrem letzten Besuch erlebt hatte. Sie erzählte dies und das, dann fragte sie ihn und dachte dabei immer an den 1. April: »Was hast du denn heute schon getrieben?«

»Nichts Besonderes. Eigentlich gar nichts. Es war langweilig!«

»Aha«, dachte sie, »er merkt noch nicht, daß heute der 1. April ist. Das trifft sich gut!«

Heuchlerisch machte sie ein erstauntes Gesicht und rief: »Langweilig? Das wundert mich! Du hast doch Besuch!«

»Aber du bist ja gerade erst gekommen!« antwortete Peps.

»Ich meine nicht mich«, fuhr sie fort. »In deinem Zimmer ist Besuch. Eine Katze!«

»Eine Katze? Wie sollte eine Katze in mein Zimmer kommen?«

»Nun, sehr einfach. Wahrscheinlich ist sie auf den Baum geklettert und von dort auf dein Fenstersims gesprungen. Für eine Katze ist das leicht. Ich sah sie oben sitzen. Gleich danach verschwand sie in deinem Zimmer. Nun wartet sie auf dich.«

Peps sah Rantschigei nachdenklich an. Sehr nachdenklich. Sie bemühte sich, seinem Blick standzuhalten, ohne zu lachen. Endlich machte Peps schweigend kehrt, ging in sein Zimmer und öffnete die Tür. Doch anstatt

weiterzugehen, blieb er im Türrahmen stehen und rief erfreut: »Wirklich!
Da sitzt sie auf dem Teppich! Grüß dich, Mieze!«

»Wie? Nicht möglich! Ist nun tatsächlich eine Katze da?« dachte Rantschigei erstaunt, sprang auf und lugte über Peps hinweg in den sonnenlichten
Raum.

»Wo?« fragte sie.

Da legte Peps den Kopf schief, wie es seine Art ist, lachte freundlich zu ihr
hinauf und sagte: »April, April!«

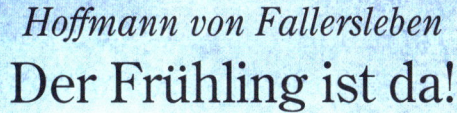

Hoffmann von Fallersleben

Der Frühling ist da!

Der Frühling hat sich eingestellt,
wohlan, wer will ihn sehn?
Der muß mit mir ins freie Feld,
ins grüne Feld nun gehn.

Er hielt im Walde sich versteckt,
daß niemand ihn mehr sah;
ein Vöglein hat ihn aufgeweckt,
jetzt ist er wieder da.

Jetzt ist der Frühling wieder da:
Ihm folgt, wohin er zieht,
nur lauter Freude fern und nah
und lauter Spiel und Lied.

Und allen hat er, groß und klein,
was Schönes mitgebracht,
und sollt's auch nur ein Sträußchen sein,
er hat an uns gedacht.

Drum frisch hinaus ins freie Feld,
ins grüne Feld hinaus!
Der Frühling hat sich eingestellt,
wer bliebe da zu Haus?

Bunter Frühlingszweig

Bei einem vorösterlichen Spaziergang schneidest du dir einen Weidenzweig (auch Birken- oder Forsythienzweige eignen sich sehr gut). Zu Hause stellst du ihn ins Wasser, das jeden Tag gewechselt werden sollte.

Bereits nach einigen Tagen beginnen die Knospen zu treiben. Dann schmückst du den Zweig mit buntbemalten, ausgeblasenen Eiern und vielleicht ein paar gelben Küken aus Wolle.

Wollküken

Dazu benötigst du:
- festen Karton
- Schere
- gelbe Wolle
- etwas roten Filz
- Klebstoff

1. Aus dem Karton schneidest du je 2 gleich große Ringe aus. Die größeren Ringe sollten etwa 5 bis 6 cm Durchmesser haben, die kleinen 3 cm. In die Mitte schneidet du bei allen vier Ringen eine kleine Öffnung von 1 bis 1,5 cm Durchmesser.

2. Lege die beiden jeweils gleich großen Ringe aufeinander, und umwickle sie mit Wolle, bis das Loch in der Mitte ganz ausgefüllt ist.

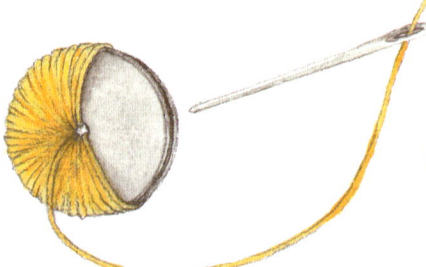

3. Nun mußt du den Wollring außen herum aufschneiden, genau zwischen den beiden Kartonscheiben. Mit einem gelben Wollfaden fährst du zwischen die beiden Ringe, ziehst ihn zusammen und machst einen Knoten. Dann kannst du die beiden Kartonscheiben aufschneiden und herausziehen.

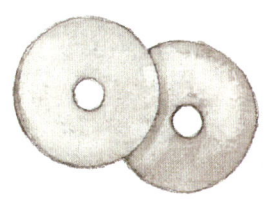

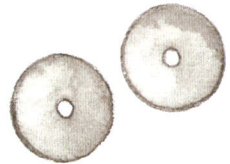

4. Hast du auf diese Weise die beiden Wollbällchen fertig, knotest du sie zusammen.

Du kannst deinen blühenden und geschmückten Zweig über Ostern in der Vase stehen lassen. Falls du lieber ein »Mobile« haben möchtest, hängst du den Zweig ans Fenster und befestigst die bemalten Eier und Wollküken mit unterschiedlich langen Nähfäden daran.

5. Jetzt braucht dein Küken nur noch Schnabel, Füße und eventuell noch einen kleinen Hahnenkamm. Dieses Zubehör schneidest du aus rotem Filz zu und klebst es an die passenden Stellen.

Frühlings- und Osterrätsel

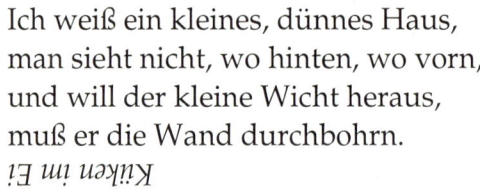

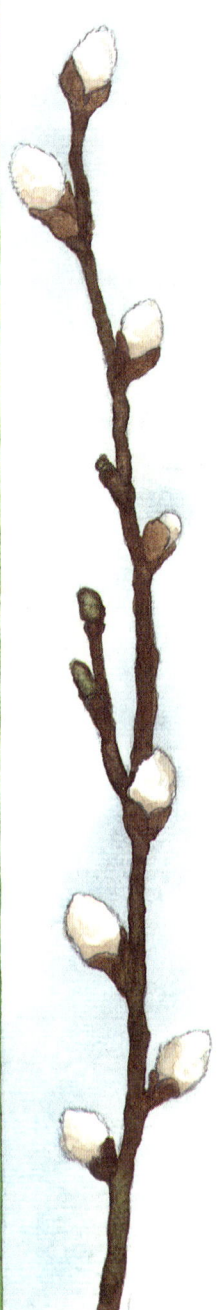

Ich weiß ein kleines, dünnes Haus,
man sieht nicht, wo hinten, wo vorn,
und will der kleine Wicht heraus,
muß er die Wand durchbohrn.
Küken im Ei

Im Frühling kleide ich mich an,
ein grünes Kleid wächst mir heran,
im Sommer steh' ich voller Pracht,
im Winter jedoch völlig nackt.
Laubbaum

Willst du viele von mir haben,
mußt du mich zuerst begraben.
Getreidekorn

Weißt du, wie der Vogel heißt,
der seinen eigenen Namen weiß?
Kuckuck

Was mag das sein?
Ein Haus voll Essen,
die Tür vergessen.
Ei

Welches Jahr hat nur drei Monate?
Frühjahr

Alle Tage geh' ich aus
und bleibe dennoch stets zu Haus.
Schnecke

Ich weiß ein schönes Plätzchen,
da sitzen viele Kätzchen,
ihr Fell ist zart und niemals rauh,
doch nie hört man sie schrein »Miau«.
Weidenkätzchen

Ingeborg Pilgram-Brückner
Himmelsschlüssel

Endlich war es Frühling, der Schnee getaut. Evelyn machte mit ihrer Großmutter einen Spaziergang. Vergnügt wanderten sie durch die sich langsam schmückenden Wiesen. Gänseblümchen gab es schon ganz viele, und da und dort, in Gruppen zusammengekuschelt, wagten sich Veilchen aus der Erde. Das Kind jubelte, pflückte ein paar und ließ die Großmutter daran riechen.

Später, an einem Sonnenhang, entdeckten die beiden die ersten Schlüsselblumen. Sie waren noch klein, aber die meisten streckten ihre gelben Blüten schon geöffnet dem Licht entgegen.

»Warum heißen die Schlüsselblumen?« fragte Evelyn die Großmutter. »Was schließen die denn auf?«

Großmutter überlegte: »Ich weiß nicht. Vielleicht schließen sie den Frühling auf.«

Evelyn schüttelte den Kopf: »Kann nicht stimmen. Die Schneeglöckchen sind vorher da und die Gänseblümchen und die Veilchen auch.«

In diesem Augenblick stieg aus dem Büschel der fünf vor ihnen stehenden Schlüsselblumen eine kleine goldgelbe Elfe empor. Sie winkte Evelyn zu, und Evelyn winkte zurück.

»Wem winkst du denn da?« fragte die Großmutter.

»Da, der Schlüsselblumen-Elfe«, antwortete das Kind. »Siehst du sie denn nicht?«

Die Großmutter rückte ihre Brille zurecht und blinzelte ein wenig: »Ja, ja . . . doch . . . ich sehe sie schon . . .«

Evelyn legte den Finger an den Mund: »Pst, sie will uns was sagen, glaub' ich.«

Und tatsächlich, jetzt sprach die Elfe zu den beiden. Das Kind verstand ihre Worte ganz deutlich. Großmutter jedoch mußte genau hinhören, mit dem Herzen und mit ihren Gedanken, dann konnte auch sie etwas von der geheimnisvollen Mitteilung der Elfe erfassen.

»Unsere Schlüsselblumen können vieles aufschließen«, sagte die Elfe, »nicht nur die Jahreszeit, sondern auch manchmal die Herzen und die Sinne der Menschen.«

»Wie machen sie das?« fragte Evelyn.

»Sie blühen, das genügt«, antwortete die Elfe.

»Hm«, machte Evelyn, »das versteh' ich nicht.«

Die Elfe lächelte: »Das ist ein Geheimnis, schwer und doch leicht zu begreifen.«

»Aber du kennst das Geheimnis?« fragte Evelyn.

»Ja, ich bin eine Schlüsselblumen-Elfe und begleite meine Blumen in ihrer Blütezeit.«

Aus der Erde erklang jetzt eine leise Melodie. Und auf einmal fing die Elfe zu singen an:

»Schau in unsere Blüt' hinein:
eingefang'ner Sonnenschein.
Himmelsfreude, Himmelsglück
schenken blühend wir zurück,
schließen freudevoll zuhauf
überall die Erde auf.«

Plötzlich war die Elfe wieder verschwunden.

»Omi, hast du das verstanden, das Geheimnis der Schlüsselblumen-Elfe?« fragte das Kind.

Die Großmutter nickte: »Ich glaube schon. Weißt du, in den kleinen Blüten der Schlüsselblumen, tief drinnen versteckt, liegt ein wenig Himmelsfreude. Wer das weiß und in die Schlüsselblumen hineinschaut, zu dem kommt diese Freude heraus und macht ihn froh. Das ist das ganze Geheimnis.«

»Deshalb heißen die Schlüsselblumen wohl auch Himmelsschlüssel.«

»Ja, deshalb heißen sie auch Himmelsschlüssel. Und wenn du einmal irgend jemandem eine Freude machen willst, dann schenk ihm ein paar Himmelsschlüssel und erzähl ihm das Geheimnis.«

Evelyn klatschte begeistert in die Hände: »O ja, dann bring' ich der Mutti einen Himmelsschlüssel-Strauß. Die guckt manchmal so traurig, dann wird sie sicher wieder froh. Meinst du nicht auch, Omi?«

Die Großmutter nickte versonnen: »Ja, das ist gut. Vielleicht schließen die Schlüsselblumen doch auch die Herzen der Menschen auf, damit da ein wenig Himmelsfreude hineinkommen kann. Freude, die sich schenken will . . .«

Während Großmutter so vor sich hin sinnierte, war Evelyn vorsichtig den Wiesenhang hinaufgeklettert, um einige der offenen Schlüsselblumen zu pflücken, die schon einen längeren Stiel und Blüten hatten.

»Nimm nicht zu viele«, rief die Großmutter ihr zu, »mit Himmelsfreude sollte man sparsam umgehen.«

Evelyn hielt den Strauß hoch und strahlte: »Das genügt mir schon, Omi. Ich bin beim Pflücken auch ganz fröhlich geworden!«

Dann sprang sie den Weg hinunter, hüpfte im Kreis herum und sang: »Froh zu sein bedarf es wenig, und wer froh ist, ist ein König.« Und auch die Großmutter stimmte in den Kanon ein: »Froh zu sein be . . . Froh zu sein bedarf es wenig, und wer froh ist, ist ein König.«

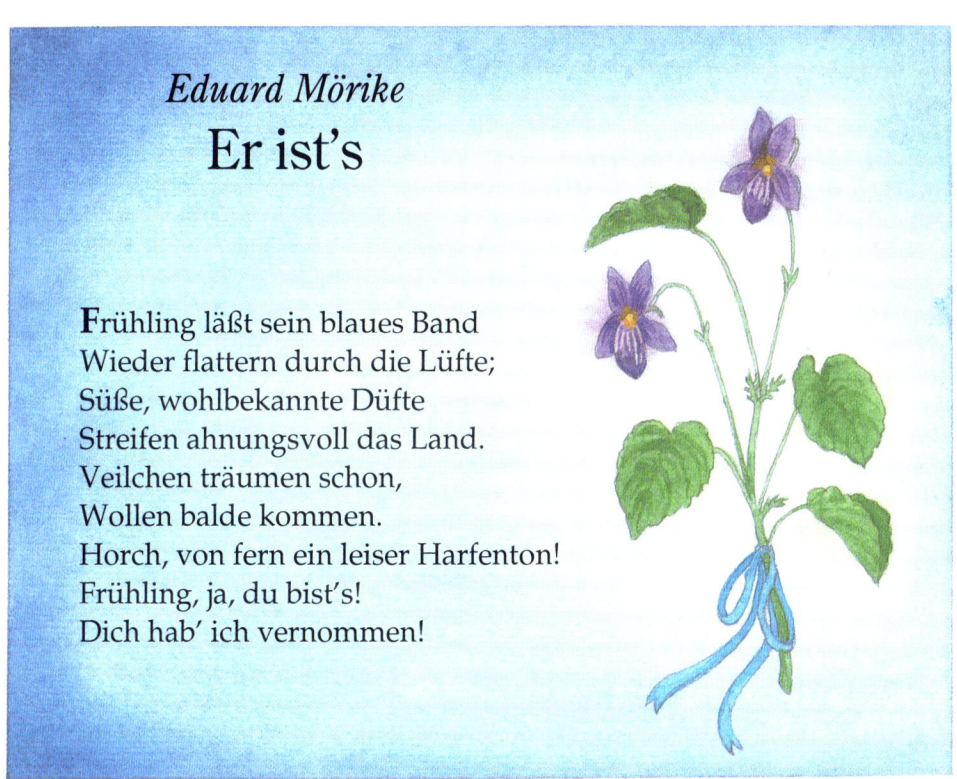

Eduard Mörike

Er ist's

Frühling läßt sein blaues Band
Wieder flattern durch die Lüfte;
Süße, wohlbekannte Düfte
Streifen ahnungsvoll das Land.
Veilchen träumen schon,
Wollen balde kommen.
Horch, von fern ein leiser Harfenton!
Frühling, ja, du bist's!
Dich hab' ich vernommen!

Hase oder Kaninchen?

Falls du bei einem Frühlingsspaziergang ein Tier mit langen Ohren über die Wiese huschen siehst, glaub bloß nicht gleich, daß du den Osterhasen gesehen hast! Sieh genau hin, vielleicht war es auch ein Kaninchen. Kennst du den Unterschied?

Hier die Steckbriefe:

KANINCHEN:
Wildkaninchen werden höchstens 45 cm groß und wiegen selten mehr als 2 kg. Obwohl sie kürzere Beine haben als die Feldhasen, sind sie sehr wendig und können über kurze Strecken sehr schnell laufen. Ihre Ohren sind kürzer als der Kopf. Kaninchen sind gesellige Tiere, die in *Kolonien* zusammenleben. Sie graben sich unterirdische Höhlen, in denen sie auch ihre Jungen aufziehen. Diese kommen als *Nesthocker* zur Welt. Während der ersten Lebenstage sind sie blind und taub und brauchen liebevolle Pflege. Pro Wurf werden bis zu 30 Junge geboren.

HASE:

Feldhasen werden bis zu 70 cm groß und bis zu 5 kg schwer. Sie können recht flink laufen. Ihre langen Löffel (so nennt man die Ohren der Hasen) sind länger als der Kopf. Deshalb können Feldhasen erstaunlich gut hören. Meist sind sie Einzelgänger und ziehen sich nachts in kleine Erdmulden zurück.

Junge Feldhasen kommen als sogenannte *Nestflüchter* zur Welt. Die Jungen sind schon bei der Geburt behaart und können sofort Augen und Ohren öffnen. Die Häsin wirft zwei- bis viermal im Jahr Junge.

Bruno Horst Bull

Der Maikäfer im März

Drei Engerlinge waren nach langem Larvendasein zu Maikäfern herangewachsen. Einer von ihnen hatte einen schwarzen Rückenschild. Deshalb war er der Schornsteinfeger. Einer war auf dem Rücken grau. Er war der Müller. Der dritte Maikäfer aber trug einen purpurroten Panzer, und deshalb war er der König.

»Ich bin der König!« prahlte der rote Maikäfer im Wurzelhaus unter der Ackerkrume. »Als König bin ich überall der erste!«

»Du darfst der erste sein«, sagte der gutmütige Müller. »Aber habe noch Geduld. Ich merke es an der Feuchtigkeit unserer Wohnung, daß wir unser Larvendasein zu früh beendet haben. Wir wollen noch ein paar Wochen warten, bis wir ins Freie stoßen; denn es ist sicher noch sehr kalt auf der Erde.«

Der Schornsteinfeger nickte dem Müller beifällig zu, aber der Maikäferkönig rief: »Ich bin der König! Als König bin ich überall der erste!« Damit stieß er kräftig gegen die Erdscholle über seinem Kopf, bis diese nachgab und zerbrach. Durch den Erdspalt arbeitete sich der Maikäfer ins Freie. Es war gerade um die Mittagszeit, und die Sonne schien warm vom Himmel. »Ich bin draußen. Es ist Frühling, Frühling!« rief der Maikäferkönig begeistert.

Da streckte auch der Müller vorsichtig den Kopf durch die Erdspalte und schnüffelte in der lauen Luft herum. »Es ist eine trügerische Wärme«, sagte der Müller. »Für uns Maikäfer ist die Zeit noch nicht gekommen. Komm zurück in unsere warme Wurzelwohnung, o König.«

Der Maikäferkönig aber hörte nicht auf die Rede des Müllers, sondern breitete seine Flügel aus und erhob sich in die Luft. »Ich bin der König!« rief er. »Als König bin ich überall der erste.«

Da kehrte der Müller ohne den König ins Wurzelhaus zurück; denn er wußte, der Maikäferkönig würde nicht mehr zurückkehren.

Der Maikäfer aber flog auf den nächsten Baum. Es war ein Pflaumenbäumchen, das am Ackerrand stand. Das hatte weder Blüte noch Blatt. »Hier kann ich meinen Hunger nicht stillen!« dachte der rote Maikäfer. »Ich will die Dämmerung abwarten. In der Dämmerung fliegen die Maikäfer und suchen sich saftige Futterplätze.«

Als die Dämmerung hereinbrach, machte sich der Maikäfer auf den Weg. Er flog auf die Landstraße, wo die großen Lindenbäume standen. Die Bäume waren kahl! Er flog in die Obstplantage. Auch hier war nichts zu brechen und zu beißen. In den Dorfgärten erging es ihm ebenso. An einem Strauch fand er ein paar bittere Knospen, die er heißhungrig anknabberte. Ein eisiger Wind wehte durch die Gärten, und der Maikäfer wurde steif und klamm. Stunden um Stunden saß er auf einem kahlen Ast und konnte sich kaum rühren. Schon dachte er, daß er sterben müsse, da begann die Sonne wieder zu scheinen. Die warmen Strahlen hauchten ihn wieder wach.

Wochenlang kämpfte der Maikäferkönig zwischen Tod und Leben. Endlich wurde es Mai. Die Bäume begannen zu grünen, und die Nächte wurden mild und lau: Jetzt fand der Maikäfer genügend Nahrung, um seinen großen Hunger zu stillen. Nun hatte er die schwere Not überstanden. Als er eines Abends den kleinen Pflaumenbaum am Ackerrand besuchte, saßen dort wahrhaftig der Müller und der Schornsteinfeger. Sie hatten soeben ihre warme Behausung verlassen und labten sich an den kleinen, schmackhaften Pflaumenblättchen.

»Mein König, mein König!« rief der Müller überrascht. »Welch eine Freude, dich wiederzusehen! Wie ist es dir bisher ergangen?«

»Es war eine schreckliche Zeit«, sagte der Maikäferkönig. »Ich wollte der erste sein. Aber ich habe meinen Leichtsinn und Hochmut schwer büßen müssen.«

»Es wird schon seine Richtigkeit haben, daß die Menschen uns Maikäfer nennen«, sagte der Schornsteinfeger. »Maikäfer fliegen im Mai. Wenn wir schon im März auf die Bäume fliegen sollten, hätte man uns sicher Märzkäfer genannt.«

Heinrich Seidel

April! April!

April! April!
Der weiß nicht, was er will.
Bald lacht der Himmel blau und rein,
bald schaun die Wolken düster drein,
bald Regen und bald Sonnenschein.
Was sind das doch für Sachen,
mit Weinen und mit Lachen
ein solch Gesaus zu machen!
April! April!
Der weiß nicht, was er will.

O weh! O weh!
Nun kommt er gar mit Schnee
und schneit mir in den Blütenbaum,
in all den Frühlingswiesentraum!
Ganz greulich ist's, man glaubt es kaum:
Heut Frost und gestern Hitze,
heut Reif und morgen Blitze,
das sind so seine Witze.
O weh! O weh!
Nun kommt er gar – mit Schnee!

Hurra! Hurra!
Der Frühling ist doch da!
Und treibt der rauhe Wintersmann
auch seinen Freund, den Nordwind, an,
und wehrt er sich, so gut er kann,
es soll ihm nicht gelingen,
denn alle Knospen springen,
und alle Vögel singen.
Hurra! Hurra!
Der Frühling ist doch da!

Anne L. Braun

Der Schneemann im Frühling und die kleine Schwalbe

Als es eines Tages kurz vor Ostern überraschend noch einmal schneite, freuten sich die Kinder sehr. Übermütig rannten sie hinaus in den Garten und bauten einen Schneemann. Er wurde zwar nicht sehr groß, aber nachdem sie ihm zwei große dunkle Knöpfe als Augen und eine Karotte als Nase verpaßt und ihm schließlich noch einen Kochtopf als Hut aufgestülpt hatten, fanden sie ihn wunderschön. Zufrieden mit ihrem Werk kehrten sie ins Haus zurück.

Als sie am nächsten Morgen erwachten, schien draußen die Sonne. Die Kinder waren begeistert und hatten ihren Schneemann vom Vortag schon vergessen. Dieser aber stand im Garten und sah erfreut, wie die Sonne am Horizont aufging und die ganze Umgebung in ein zartes, gelbes Licht tauchte. Entzückt lauschte der Schneemann dem morgendlichen Gezwitscher der Vögel.

Doch plötzlich erschrak er. Er bemerkte, daß er weicher geworden war und daß kleine Rinnsale an ihm herunterliefen. Und – wie schrecklich! Er wurde kleiner und kleiner! Auch die Schneedecke um ihn herum begann sich aufzulösen.

Obwohl der Schneemann noch sehr jung war, begriff er, daß es mit ihm zu Ende ging. Bald würde er verschwunden sein!

Da wurde der kleine Schneemann sehr traurig. Dicke Tränen tropften aus seinen dunklen Knopfaugen, die schon bedenklich nach unten gerutscht waren.

Ein kleiner Vogel kam geflogen. Neugierig flatterte er ein paarmal um das komische Schneegebilde herum, ehe er sich davor niederließ.

»Guten Tag«, zwitscherte er. »Ich bin eine Schwalbe, und wer bist du?«

»Ich bin ein Schneemann«, erklärte der Angesprochene unter Tränen, »aber leider nicht mehr lange.«

»Von Schneemännern habe ich schon gehört«, sagte der kleine Vogel, »aber gesehen habe ich noch keinen, weil ich den Winter im Süden verbracht habe. Ich bin erst vor zwei Tagen zurückgekommen.«

Als er sah, daß der Schneemann nicht aufhörte zu schluchzen und kleine

Wasserrinnsale an allen Seiten heruntertröpfelten, räusperte sich der kleine Vogel, ehe er sich zu fragen getraute: »Warum weinst du?«

Aus seinen beiden verrutschten Knopfaugen warf ihm der Schneemann einen mitleiderregenden Blick zu.

»Wie kannst du das fragen? Du siehst doch, daß ich mich gerade auflöse. Bald wird es mich nicht mehr geben. Deshalb weine ich.«

Da wurde auch die kleine Schwalbe sehr traurig. Stumm saß sie vor dem schmelzenden Schneemann und wußte nicht, wie sie ihn trösten konnte.

Plötzlich kam ein Spatz herangeflogen. Er kreiste um sie herum und sagte: »Was ist denn mit euch los? Ihr seid so traurig. Dabei ist heute so ein herrlicher Tag. Die Sonne scheint, die ersten Krokusse blühen, bald wird alles grün sein . . .«

»Genau deswegen sind wir ja traurig«, erklärte die kleine Schwalbe. »Mein neuer Freund, der Schneemann hier, muß sterben, weil die Sonne scheint.«

Das hatte der Spatz in seiner Freude über den wunderschönen Frühlingstag natürlich vergessen. Aber da er ein sehr alter und sehr weiser Spatz war, wußte er auch, wie er die beiden trösten konnte. Er ließ sich neben der Schwalbe nieder, legte den Kopf schief und sagte: »Also, mein trauriger Schneemann, du glaubst, daß du stirbst, aber das stimmt gar nicht. Sag, was passiert im Moment mit dir?«

»O weh, niemand kann mir helfen. Was mit mir passiert? Nun, du siehst ja selbst, daß ich mich in Wasser auflöse.«

Der alte Spatz nickte zufrieden. »Gut, du löst dich also in Wasser auf. Aber dann bist du noch lange nicht verschwunden! Was passiert mit dem Wasser, das zuvor Schnee war?«

Der kleine Schneemann zuckte mit der rechten Schulter, die prompt ein Stück abrutschte. »Das weiß ich nicht«, sagte er bedrückt.

»Aber ich«, ließ sich da die kleine Schwalbe vernehmen. »Das Wasser sickert in die Erde.«

»Richtig«, sagte der alte Spatz. »Und was macht es da?«

Wieder wußte die kleine Schwalbe Bescheid. »Es befeuchtet die Samen unter der Erde, die dann wachsen können.«

»Und das Wasser selbst?« wollte der kleine Schneemann wissen.

»Das Wasser steigt wieder nach oben, zum Beispiel im Stengel einer wunderschönen Blume«, erklärte der alte Spatz. »Vielleicht versickert es auch und kommt an irgendeiner Stelle in einer Quelle wieder zum Vorschein. Habt ihr das soweit verstanden?«

Die Schwalbe und der kleine Schneemann nickten. Da fuhr der alte Spatz fort: »Wißt ihr auch, was passiert, sobald das Wasser wieder an die Erdoberfläche kommt?«

Die kleine Schwalbe wußte es. »Dann wandert es irgendwann als Dampf auf dem Strahl der Sonne nach oben zum Himmel.«

»Sehr gut«, lobte sie der alte Spatz. »Aber was dann?«

Die Schwalbe mußte eine Weile überlegen. Dann sagte sie: »Ich glaube, die Tröpfchen treffen sich am Himmel und schließen sich zu einer Wolke zusammen. Dann ziehen die vielen kleinen Wassertröpfchen miteinander am Himmel entlang, bis sich die Wolke irgendwann auflöst und das Wasser als Regen wieder auf die Erde herunterfällt.«

»Und im Winter?«

»Im Winter natürlich als Schnee.«

»Ausgezeichnet, meine kleine Schwalbe«, sagte der alte Spatz zufrieden. »Und wenn Schnee liegt, was machen dann die Kinder?«

Das wußte sogar der kleine Schneemann. »Sie bauen einen Schneemann!« rief er.

Der alte Spatz legte den Kopf von der linken auf die rechte Schulter. »Na, siehst du«, sagte er triumphierend. »Eben hast du noch behauptet, du würdest sterben. Aber wie du selbst gehört hast, stimmt das gar nicht. Du wirst deine Form verändern. Deine Schneekristalle verwandeln sich in Wasser, das irgendwann verdunsten und zum Himmel aufsteigen wird. Dann wirst du eine Wolke sein, um irgendwann wieder herunterzuregnen,

und wenn dann Winter ist, wirst du wieder zu einem Schneemann. Nun, sind das so schlechte Aussichten?«

Dem Schneemann war vor Erleichterung ein Stein vom Herzen gefallen. Das konnte man natürlich nicht sehen – es ist ja auch bloß eine Redensart! –, aber auf jeden Fall war er nicht mehr traurig.

Die kleine Schwalbe zwitscherte vor Freude. »Ist es nicht wunderbar? Wir brauchen uns nicht für immer zu trennen! Irgendwann werden wir uns wiedersehen. Vielleicht bist du dann Wasser oder eine Wolke oder Schnee, aber das macht nichts. Du brauchst mich bloß zu rufen, dann weiß ich, daß du es bist.«

Der Schneemann, der inzwischen nur noch ein kleines, aber sehr zufriedenes Schneehäufchen war, auf dem ein alter Kochtopf thronte, sagte: »Weißt du was, kleine Schwalbe? Wenn du im nächsten Winter wieder im Süden bist und ich als Wolke über den Himmel ziehe, könnte ich dich ja besuchen.«

Der alte Spatz nickte. »Das ist eine ausgezeichnete Idee. Die Menschen im Süden werden sich freuen, eine Wolke am Horizont zu sehen. Sie warten immer sehnsüchtig auf Regen.«

Dann verabschiedete sich der alte Spatz. »Lebt wohl, ihr beiden. Ich freue mich, daß ich euch helfen konnte. Bestimmt sehen wir uns alle einmal wieder.« Mit diesen Worten flog er davon.

Die kleine Schwalbe saß noch eine ganze Weile da und sah zu, wie sich das kleine Schneehäufchen, das heute morgen noch ein Schneemann gewesen war, langsam auflöste. Bald lagen nur noch ein Kochtopf, eine Karotte und zwei dunkle Knöpfe auf der Erde. Die kleine Schwalbe wurde ein bißchen traurig. Abschied tut immer weh, auch wenn er nicht für immer ist. Als das letzte Wassertröpfchen im Boden versickerte, rief sie: »Leb wohl, mein Freund. Bis bald.«

Mit den Flügeln wischte sie sich eine Träne aus dem Augenwinkel. Ach was, so schlimm war es doch gar nicht! Die kleine Schwalbe begann sich schon darauf zu freuen, daß ihr neuer Freund sie im nächsten Winter als Wolke in Afrika besuchen würde. Da würden die anderen Schwalben Augen machen!

2. KAPITEL

DIE ZEIT VOR OSTERN

Die Karwoche

Der Palmsonntag

Am letzten Sonntag in der vierzigtägigen Fastenzeit, die am Aschermittwoch, also direkt nach Fasching, beginnt, wird der Palmsonntag gefeiert. In den Kirchen wird daran erinnert, wie Jesus kurz vor seiner Gefangennahme auf einem Esel in Jerusalem einritt und die Menschen vor Freude Palmwedel schwenkten.

Früher wurden am Palmsonntag Palmprozessionen durchgeführt, und noch heute ziehen die Kinder in vielen Gemeinden, besonders in Süddeutschland, mit ihren selbstgebastelten Palmgestecken in die Kirche ein. Diese oft über einen Meter hohen »Palmen« sind mit Buchszweigen und bemalten Eiern geschmückt.

Gründonnerstag, Karfreitag und Karsamstag

Am Gründonnerstag wird des Letzten Abendmahls gedacht, das Jesus direkt vor seiner Gefangennahme mit seinen Jüngern feierte, ehe er von Judas verraten wurde.

Zum Gedenken an dieses Ereignis schweigen die Glocken der Kirchen nach der Meßfeier bis Ostern.

Der Karfreitag ist ein Tag der Besinnung und des Fastens. Die Christen in aller Welt gedenken der Leiden Jesu und seines Todes.

Auch der Karsamstag steht noch ganz im Zeichen der Stille und der Trauer. Erst am Abend wird die Ostermesse gefeiert. In den Kirchen werden Osterkerzen als Zeichen für das Licht entzündet. Durch seine Auferstehung von den Toten hat Jesus die Dunkelheit besiegt.

In den ruhigen Tagen der Karwoche vor Ostern hat man normalerweise viel Zeit zum Basteln, Eierfärben und Backen. Krempeln wir also die Ärmel hoch, und machen wir uns ans Werk!

Selbstgemachte Osterkerzen

Dazu benötigst du:

- 🕯 möglichst viele Kerzenstummel
- 🕯 ausgeblasene Eier
- 🕯 Kerzendocht
- 🕯 und – da der Umgang mit heißem Wachs nicht ungefährlich ist – am besten auch die Hilfe eines Erwachsenen

1. Zuerst mußt du die Wachsreste im Wasserbad schmelzen lassen.
2. In der Zwischenzeit fädelst du den etwa 12 cm langen Kerzendocht in das erste ausgeblasene Ei und verknotest ihn unten am dickeren Ende des Eis, damit der Docht nicht wieder hineinrutschen kann, das Ei gut verschlossen ist und das flüssige Wachs beim Einfüllen nicht wieder herausläuft.
3. Dann stellst du das Ei in einen Eierbecher und hältst das obere Dochtende gut fest.
4. Vorsichtig wird nun das flüssige Wachs in das Ei eingefüllt. Nach einer Weile mußt du vielleicht noch etwas Wachs nachgießen, damit das Ei bis zum Rand gefüllt ist.
5. Wenn das Wachs ganz abgekühlt und hart geworden ist, kannst du die Schale abpellen, und fertig ist deine selbstgemachte Osterkerze!

Gruß im Ei

Hast du Lust, jemandem eine Freude zu machen? Dann überreiche ihm am Ostermorgen einen Eiergruß. Du brauchst dazu nur ein ausgeblasenes, gut ausgespültes Ei, das du schön bemalt hast.

Auf einen langen, möglichst dünnen Streifen Papier schreibst du dann den Gruß.

Anschließend schiebst du das Papier ganz vorsichtig ins Innere des Eis und befestigst am Ende eine kleine Schleife aus einem Wollfaden, damit das Ende nicht hineinrutschen kann.

Schon ist dein ganz persönlicher Eiergruß fertig!

Grasgrünes Osternest

Wenn du dem Osterhasen ein originelles Osternest zum Füllen hinstellen möchtest, mußt du etwa eine Woche vor Ostern Kressesamen kaufen. In einen großen Blumentopf-Untersetzer oder einen alten Teller füllst du etwas Blumenerde oder Watte und streust den Samen aus. Wenn du dein »Beet« täglich gießt, damit es immer schön feucht ist, ist die Kresse bis Ostern so hoch gewachsen, daß der Osterhase gar nicht anders kann, als viele bunte Eier hineinzulegen!

Punker-Eierköpfe

Mit Kresse kann man auch einen lustigen Punker-Eierkopf wachsen lassen. Trenne von einem Ei die Spitze ab, wasche die Schale sorgfältig aus, und fülle sie mit Erde oder Watte. Die ausgestreute Kresse beginnt schon nach wenigen Tagen zu wachsen, und dein kleiner Punker ist fertig!

Erich Kästner

Der April

Der Regen klimpert mit einem Finger
die grüne Ostermelodie.
Das Jahr wird älter und täglich jünger.
O Widerspruch voll Harmonie!

Der Mond in seiner goldenen Jacke
versteckt sich hinter dem Wolken-Store.
Der Ärmste hat links eine dicke Backe
und kommt sich ein bißchen lächerlich vor.
Auch diesmal ist es dem März geglückt:
Er hat ihn in den April geschickt.

Und schon hoppeln Hasen,
mit Pinseln und Tuben
und schnuppernden Nasen,
aus Höhlen und Gruben
durch Gärten und Straßen
und über den Rasen
in Ställe und Stuben.

Dort legen sie Eier, als ob's gar nichts wäre,
aus Nougat, Krokant und Marzipan.
Der Tapferste legt eine Bonbonniere.
Er blickt dabei entschlossen ins Leere.
Bonbonnieren sind leichter gesagt als getan.

Dann geht es ans Malen. Das dauert Stunden.
Dann werden noch seidene Schleifen gebunden.
Und Verstecke gesucht. Und Verstecke gefunden:
hinterm Ofen, unterm Sofa,
in der Wanduhr, auf dem Gang,
hinterm Schuppen, unterm Birnbaum,
in der Standuhr, auf dem Schrank.

Da kräht der Hahn den Morgen an!
Schwupp, sind die Hasen verschwunden.
Ein Giebelfenster erglänzt im Gemäuer.
Am Gartentor lehnt und gähnt ein Mann.
Über die Hänge läuft grünes Feuer
die Büsche entlang und die Pappeln hinan.
Der Frühling, denkt er, kommt also auch heuer.
Er spürt nicht Wunder, noch Abenteuer,
weil er sich nicht mehr wundern kann.

Liegt dort nicht ein kleiner Pinsel im Grase?
Auch das kommt dem Manne nicht seltsam vor.
Er merkt gar nicht, daß ihn ein Osterhase
auf dem Heimweg verlor.

Rolf Krenzer
Tanja und die Ostereier

Endlich geht Tanjas allergrößter Wunsch in Erfüllung. So oft hat sie Mutti und Vati schon gebeten, beim Eierfärben mithelfen zu dürfen. Aber immer haben die Eltern die ganze Sache auf den Osterhasen geschoben und Tanja am Abend vor Ostern ins Bett geschickt. Und am nächsten Morgen waren dann alle Ostereier längst bunt angemalt und im Garten versteckt, so daß Tanja sie suchen mußte. Gewiß hätte Tanja sie ebenso gern gesucht, wenn sie sie selbst angemalt hätte. Aber ihre Eltern sind schrecklich altmodisch. Und das ärgert Tanja manchmal. Aber heute kann ihr nun niemand etwas verbieten. Kein Mensch wird sie heute ins Bett schicken. Und die Ostereier, die morgen von Tanja im Garten gesucht werden, hat Tanja alle selbst angemalt und gefärbt! Ehrlich!

Mutti und Vati sind nämlich mit dem Auto davongefahren. Sie müssen über eine Stunde fahren, um zur Oma zu kommen. Sie wollen die Oma über Ostern zu sich holen. Wenn sie dann wieder zurückfahren, brauchen sie noch einmal eine ganze Stunde. Das ist viel Zeit, die sie für das Autofahren brauchen. Und es ist viel Zeit, die Tanja gut nutzen kann. Zum Beispiel zum Ostereierfärben.

Eigentlich sollte Tanja nach dem Kindergarten zu Frau Zeisig von gegenüber gehen, weil die Eltern schon so früh abfahren müssen. Aber ausgerechnet heute hat Frau Zeisig so schlimme Zahnschmerzen bekommen, daß sie gleich zum Zahnarzt mußte. »Du stellst doch nichts an?« hat sie gefragt, als sie Tanja in die Wohnung brachte. »Nein!« hat Tanja geantwortet und dazu kräftig den Kopf geschüttelt.

Dann hat sie die Eier auf dem Kühlschrank entdeckt. Eine ganze Schüssel voller weißer Eier, die morgen bestimmt alle Ostereier sein werden.

Tanja hat auch die Eierfarben entdeckt. Sie weiß, daß in den Tütchen kleine runde Tabletten sind, die man nur in heißem Wasser auflösen muß. Und heißes Wasser hat Tanja schnell aus der Wasserleitung herbeigeholt.

Sie nimmt verschiedene Tassen und legt die kleinen bunten Tabletten hinein. Dann gießt sie Wasser darüber, rührt kräftig um. Schon gibt es eine herrliche Eierfärbebrühe. Eine Tasse mit gelber Farbe, eine mit roter, eine mit blauer und eine mit grüner Farbe.

Was jetzt gemacht werden muß, ist nur noch ein Klacks.

Tanja hat überhaupt keine Schwierigkeiten. Schließlich hat sie ja mit ihrer Gruppe heute morgen im Kindergarten bereits Eier gefärbt. Und sie hat genau zugesehen, wie Frau Krüger alles gezeigt hat. So nimmt sie jetzt ganz vorsichtig ein Ei nach dem anderen mit einem Eßlöffel aus der Schüssel und tunkt sie ebenso vorsichtig in die Tasse mit der Farbe. Und wirklich! Die Eier werden zu richtigen Ostereiern. Das geht im Handumdrehen.

Und wenn wirklich mal ein Ei auf die Fliesen vor dem Kühlschrank fällt, dann kann man es bequem mit dem Putzlappen wieder aufwischen. Das passiert schließlich der Mutti auch schon einmal, meint Tanja. Und Mutti ist eine gute Hausfrau. Jedenfalls behauptet das Vati immer.

Als Vati und Mutti dann später mit der Oma kommen, ist die Wohnung aufgeräumt. Tanja hat die Tassen gespült. Und es ist nur noch ein bißchen Farbe an den Rändern zu sehen. Aber erstens sieht das lustig aus. Und zweitens geht die Farbe bestimmt beim nächsten Spülen wieder ab.

Aber dann staunen sie doch alle, was Tanja geschafft hat. Das hätte ihr bestimmt keiner zugetraut. Nicht die Mutti! Nicht der Vati! Und die Oma bestimmt schon ganz und gar nicht!

»Ostereier!« sagt Tanja freudig und blickt die Erwachsenen mit glänzenden Augen an.

»Und du hast alle mit Frau Zeisig gefärbt?« fragt Mutti.

»Ganz allein!« strahlt Tanja. »Frau Zeisig mußte ein bißchen zum Zahnarzt.«

»Das ist eine Überraschung!« lacht die Oma und drückt Tanja ganz fest an sich.

»Du darfst ein Osterei essen!« flüstert Tanja und lächelt die Oma an.

Und wirklich! Die Oma nimmt sich ein rotes Ei aus der Schüssel. Und Vati greift nach einem blauen Ei.

Und dann wollen Oma und Vati Eierticken spielen. Das machen sie immer Ostern. Dann schlagen sie die Eier mit ihren Spitzen gegeneinander. Jeder ist stolz, wenn sein Ei dabei nicht kaputtgeht.

Diesmal ist das Eier-Ticken-Spiel nicht so schön wie sonst.

Es knackt nur, dann schwabbelt das Eigelb über Omas Bluse und über Vatis Pullover.

Und dann stört es noch, daß Mutti so laut schreit.

Und dann müssen die Kleider gewechselt werden. Und Mutti muß die Küche putzen. Und Tanja muß überall mithelfen, obwohl sie sich solche Mühe beim Eierfärben gegeben hat.

»Das kommt davon, wenn einem im Kindergarten alles nicht richtig gezeigt wird!« schimpft Tanja leise vor sich hin. Frau Krüger hat die Eier

vorher gekocht und dann ihren Kindern zum Anmalen und Färben über-
lassen.
Aber ein bißchen ist Tanja auch gespannt, was passiert, wenn die bunten
Eier jetzt noch gekocht werden sollen.
Bleibt die Farbe dran? Werden es richtige bunte Ostereier?
Geht die Farbe ab?
Aber Ostereier werden es ganz sicher. Sie sind ja für morgen bestimmt.
Und morgen ist Ostern!

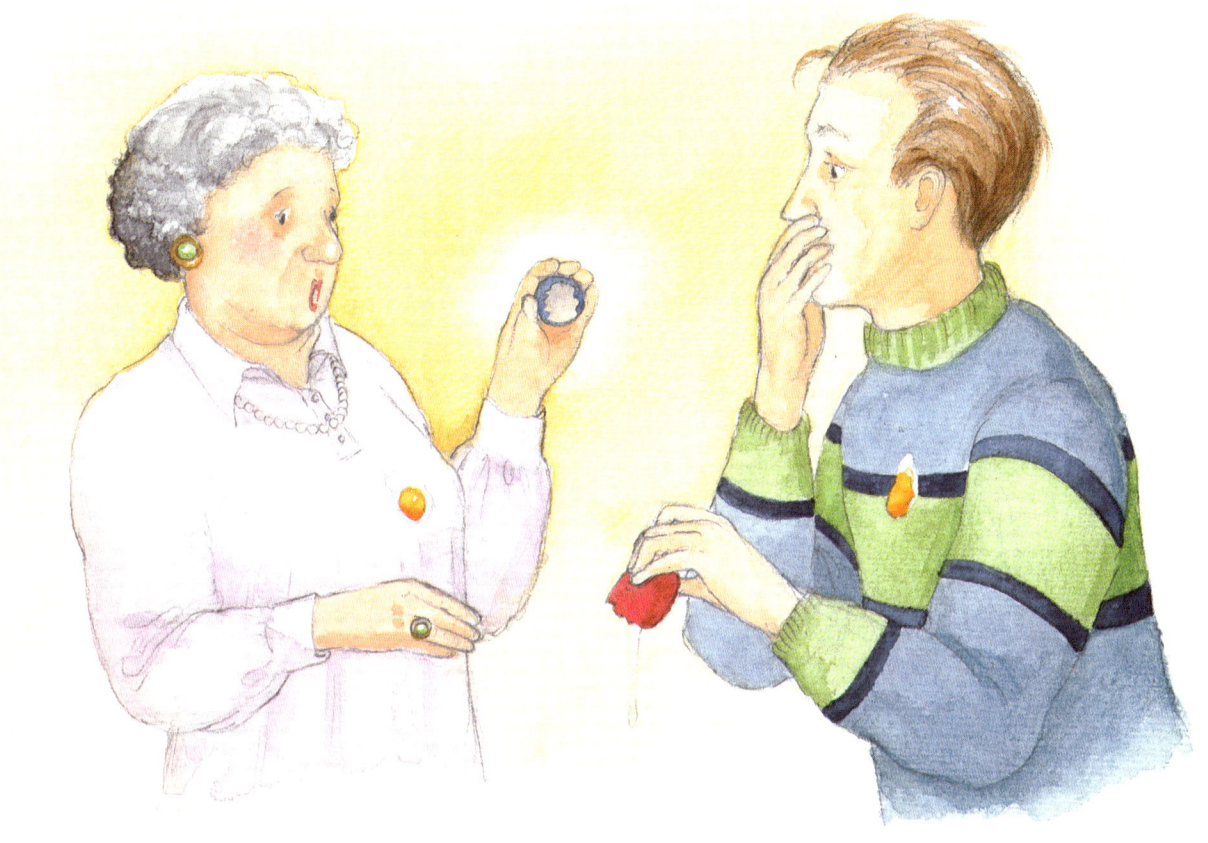

Eierfärben

Ostern ohne bunte Eier ist für die meisten Kinder so etwas wie Weihnachten ohne Lebkuchen – und wem gefällt das schon? Früher wurden Ostereier traditionell rot gefärbt, doch heute sind der Phantasie keine Grenzen mehr gesetzt. In vielen Geschäften erhält man vor Ostern alle möglichen Farben, aber der Osterhase selbst würde bestimmt die Naturfarben vorziehen, mit denen schon unsere Urgroßmütter die Ostereier färbten.

Wenn man die Eier in kochendes Wasser legt und ein paar Zwiebelscheiben dazugibt, werden die Eier braun.

Aus dem Sud von abgekochter roter Bete oder Rotkohl kann man rote Eier »zaubern«, Spinatsud ergibt grüne Eier. Die vorher noch rohen Eier werden 10 bis 12 Minuten darin gekocht.

Wenn man die Eier vorher mit Essigwasser abreibt, hält die Farbe besser.

Alle gefärbten Eier glänzen, wenn man sie nach dem Trocknen mit einer Speckschwarte abreibt. Außerdem kannst du deine bereits gekochten Eier mit Wasserfarben und einem dünnen Pinsel bemalen, mit Filzstiften schöne Muster zeichnen oder sie mit den überall erhältlichen Ostermotiven bekleben.

Inge Lustig

Mogel-ei: Frau Maier kauft Eier

Heut' brauch' ich hundert Eier, liebe Frau Wurlinger. Aber ich bitt' Sie, daß Sie sich diesmal nicht wieder verzählen! Letzthin waren es um zehn zuwenig!«

»Das ist bei mir nicht möglich, ein Verzählen ist vollkommen ausgeschlossen! Also, liebe Frau Maier, fangen wir gleich an!«

Und sie begann die Eier – die schönsten und größten, das mußte man der Wurlinger lassen – in Frau Maiers großen Einkaufskorb einzuzählen: »1, 2, 3, 4, 5 . . . Sagen Sie, wie alt ist denn schon Ihre Tini?«

»Die geht jetzt ins vierzehnte Jahr!«

»Aber, was Sie nicht sagen! 14, 15, 16, 17, 18 . . . Ja, die Zeit vergeht! Mein Bub ist schon 21! . . . 22, 23, 24, 25, 26, 27 . . . Und wie geht's dem Herrn Gemahl?«

»Schrecklich! So krank war er, 40 Grad Fieber hat er gehabt!«

»40 Grad! Du mein Gott! . . . 41, 42, 43, 44, 45 . . . Und was macht die Frau Mutter?«

»Die wird jetzt im Sommer 54!«

»Nicht zu glauben! . . . 55, 56, 57, 58, 59, 60 . . . Haben S's gelesen? In China hat's in einem Kino gebrannt!«

»Ja, 70 Leute sollen in der allgemeinen Panik verletzt worden sein!«

»70! Du meine Güte! 71, 72, 73, 74, 75 . . . Und irgendwo, ich weiß momentan nicht, wo, sollen so viele Menschen ertrunken sein! Haben Sie es gelesen?«

»Ja, so an die tausend!«

»Nein, gibt's das? 80 wären grad genug! 81, 82, 83, 84 . . . Meine Großmutter, von der ich das Geschäft übernommen hab' . . .«

»Die muß ja schon 90 sein!«

»95 ist sie schon! . . . 96, 97, 98 . . . Die will hundert Jahre alt werden! – Und da haben Sie Ihre hundert Eier. Aber diesmal hab' ich mich wirklich nicht verzählt, denn so was kommt bei mir nicht vor!«

Lustige Tiere aus Eiern

Eier kann man zum einen hübsch bemalen, aber man kann auch Tiere daraus »zaubern«. Hast du Lust, dir eine kleine Frühlingswiese aus Hasen, Gockeln, Mäusen und Marienkäfern zu basteln? Das ist gar nicht so kompliziert, wie es sich zuerst anhört! Ob gefärbt oder ungefärbt, die nötigen Eier sollten vor Beginn der Bastelarbeit bereits etwa 10 Minuten gekocht worden sein.

Damit die Eier nicht wegrollen, stellst du sie in einen Eierbecher.

Aus Papier in der passenden Farbe schneidest du zu, was immer du brauchst: Schnabel, Hahnenkamm, Ohren, Flügel, Schwanz. Der Schwanz des Mäuschens wird am besten aus einem Wollfaden gemacht, der mit Tesafilm befestigt wird.

Die Barthaare des Mäuschens können aus Blumendraht zugeschnitten werden. Die Augen werden mit Filzstift aufgemalt.

Für den Marienkäfer nimmt du ein rotgefärbtes Ei. Mit einem wasserfesten schwarzen Filzstift malst du den Kopf und die Flügel schwarz an und zeichnest die Pünktchen auf. Die Augen werden mit zwei Kleberingen gemacht.

Sonja Matthes

Aus wenig wird viel

er alte Herd war kaputt. Darum kauften die Eltern einen neuen. Einen mit Fenster. Der Backofen wurde nicht mit einer dichten Tür verschlossen, sondern mit einem Glasfenster. Man konnte in den Backofen hineinsehen.

»Dann kann man aufpassen, wie der Kuchen backt!« freuten sich die Kinder Silke und Rainer.

Zu Ostern wurde der Fensterbackofen ausprobiert. Mutter knetete einen Teig, einen Hefeteig. Davon riß sie Stücke ab und gab jedem Kind eine Handvoll. »Damit könnt ihr euch ein Osterbrot backen.«

Zuerst sahen die Kinder zu, was Mutter wohl aus dem Teig formte. Sie drückte und rollte ihn wie Knete, schnitt ihn nochmals in drei gleiche Teile. Jedes Stück rollte sie auf dem Tisch mit den flachen Händen zu einer langen, dünnen Wurst. Dann legte sie alle drei Würste nebeneinander, drückte an einer Stelle die Enden zusammen und flocht langsam einen Zopf.

»So ein dünner Zopf?« fragten die Kinder. »Das wird ein Osterbrot?«

»Wartet nur«, sagte Mutter. »Aus wenig wird viel.«

Da lag der dünne Zopf in der warmen Küche auf dem Tisch und wuchs noch ein wenig.

Den Kindern gefiel das kümmerliche Osterbrot gar nicht. Sie beschlossen, sich Osternester zu kneten, so einen kleinen Ring, in den ein Osterei hineinpaßt, wie ein Eierbecher.

Silke und Rainer formten den Teig zu einer Kugel, legten sie auf den Tisch und rollten sie dann hin und her, wie sie es bei Mutter beobachtet hatten, bis an beiden Seiten unter den Händen ein dünner Wurm hervorgekrochen kam. Der wurde immer länger. Diese lange Nudel rollten sie zusammen wie ein Schneckenhaus, drückten in die Mitte ein Loch hinein fürs Osterei und schoben ihre Nester neben Mutters Osterbrot.

Der Backofen war schon warm und eine kleine Lampe brannte darin wie in einer Puppenstube.

Mutter schob das Kuchenblech mit dem Ostergebäck hinein. Vorher hatte sie noch Eigelb drübergestrichen und Mandelblättchen draufgestreut. Vorsichtig schloß sie die Ofenklappe und schaltete die richtige Temperatur ein.

Rainer und Silke hockten sich vor dem Herd auf den Fußboden und schauten gespannt zu. Sie konnten sehen, wie der Teig langsam in die Höhe und Breite wuchs wie ein Luftballon. Gut, daß Mutter zwischen den Teilen so viel Platz gelassen hatte, sonst wäre alles zusammengeschmolzen.

Tatsächlich, aus Mutters dünnem Zopf wurde ein dickes Brot. Und die Eierbecher? Auch sie wurden breiter und breiter.

»Oje!« lachte Rainer. »So große Eier gibt's ja gar nicht.«

Was da so knusprig und braun durchs Backofenfenster leuchtete, war kein Nest für ein Ei, das war gleich eine Schüssel, ein Korb für viele Eier. Aber schön sahen sie aus.

»Macht nichts«, sagte Silke. »Nächstes Mal wissen wir's.«

Osterkranz aus Hefe

Für den Osterkranz, der wie jeder Hefeteig ganz frisch am besten schmeckt,
benötigst du:

- 🐦 1 Päckchen Trockenhefe
- 🐦 500 g Mehl
- 🐦 1/2 Tasse lauwarme Milch
- 🐦 100 g weiche Butter
- 🐦 100 g Zucker
- 🐦 Ein Päckchen Vanillezucker
- 🐦 1 Ei
- 🐦 1 Prise Salz

1. Mische das Mehl in einer großen
   Schüssel mit der Trockenhefe, gieß
   die Milch dazu, und knete dann die
   anderen Zutaten darunter. (Rosi-
   nen-Liebhaber dürfen natürlich
   noch eine Handvoll Rosinen darun-
   termischen!)
2. Decke die Schüssel mit einem Tuch
   ab, und laß den Teig an einem warmen Ort etwa eine Stunde lang aufgehen, so daß er schließlich auf das
   Doppelte angewachsen ist.
3. Knete den aufgegangenen Teig
   nochmals tüchtig durch.
4. Teile den Teig in drei gleiche Teile,
   und forme daraus je einen langen
   Strang. Aus diesen drei Strängen
   wird ein Zopf geflochten.

5. Der fertige Zopf wird auf dem gefet-
   teten Backblech zu einem Kreis aus-
   gelegt. Die beiden Enden lassen sich
   mit etwas Eiweiß gut miteinander
   verkleben. Damit der Osterkranz
   später eine schöne goldgelbe Farbe
   hat, wird er noch mit einem Eigelb
   (eventuell mit etwas Milch verrührt)
   bestrichen.
6. Damit der Kranz nochmals etwas
   aufgehen kann, wird er in den nicht
   vorgeheizten Backofen geschoben

   und bei 180° etwa 50 Minuten lang
   gebacken.

Am schönsten sieht es aus, wenn der
Osterkranz auf einer grünen Serviette
auf den Tisch gestellt wird. Das Innere
wird mit buntbemalten Ostereiern gefüllt.

Natürlich kannst du statt eines großen
Osterkranzes auch ein paar kleine
»Nestchen« backen. Du teilst den Teig
einfach in entsprechend mehr Teile (bei
vier Nestchen brauchst du also 12 dün-
nere, kürzere Stränge). Sie müssen nur
etwa 20 bis 25 Minuten im Backofen
bleiben, und vor dem Servieren kommt
in jedes Nestchen ein buntes Osterei.

Osterhasen aus Hefeteig

Aus dem Teig für einen Osterkranz
kannst du auch sechs Häschen backen.
Das geht so:
Pro Häschen brauchst du zwei Teig-
stücke, ein größeres und ein kleineres.

1. Aus dem größeren Teigstück formst
   du eine lange Schlange (mindestens
   25 cm), die du zu einer Schnecke
   zusammenrollst.
2. Aus dem kleineren Teigstückchen
   formst du ebenfalls eine Schlange,
   die du so übereinanderlegst und etwas zusammendrückst.
3. Nun werden die beiden Stücke auf-
   einandergelegt (mit etwas Eiweiß
   lassen sie sich gut verkleben). Zum
   Schluß drückst du als Auge eine Ro-
   sine in den Kopf und bestreutst das
   Häschen mit Hagelzucker.

Emil Zopfi

Die Geschichte vom Osterhasen,
der seine Eier verlor

Ostern stand vor der Tür. Im Kindergarten wurden Körbchen geflochten und mit farbiger Holzwolle ausgepolstert. »Für die Eier, die euch der Osterhase bringt«, sagte Fräulein Kunz.

Dann erzählte sie die Geschichte vom Hasen, der seine Eier verloren hatte. Als er sie endlich wiederfand, war so viel Zeit vergangen, daß statt der Eier Blumen gewachsen waren. Sie leuchteten in den schönsten Farben. Der Hase freute sich so sehr daran, daß er von da an seine Eier ebenso schön bemalte . . .

»Ostern ist eben ein Freudenfest«, erklärte Fräulein Kunz. »Den Kindern schenkt man farbige Eier. Die Erwachsenen schenken sich Blumen.«

Dann spielten sie Eiersuchen. Ein Kind war der Osterhase. Es mußte im Kreis herumgehen und raten, wer das Osterei in den Händen versteckt hielt. Wenn es das Ei fand, bekam es eine Papierblume geschenkt. Mario kam zuletzt dran.

Lange ging er unschlüssig im Kreis herum. Erst als ihm Susanna zuzwinkerte, konnte er das Osterei finden. Dafür bekam er eine dunkelrote Papiertulpe geschenkt.

Am Nachmittag war der Kindergarten geschlossen. Nach dem Essen strich Susanna in der Siedlung herum und suchte Spielkameraden. Es war ein kalter, trüber Tag, und niemand war draußen. Der Sandhaufen auf dem Spielplatz war feucht. Allein schaukeln wollte sie auch nicht, das machte keinen Spaß. Dann ging sie doch lieber wieder in die Wohnung hinauf. Sie wollte mit Puppen spielen oder fernsehen, falls es die Mutter erlauben würde.

Als sie schon bei der Haustür war, sah sie jemanden den Plattenweg heraufgerannt kommen. Es war Mario! Schon von weitem rief er: »Warte, Susanna, warte. Meine Mama ist fort.«

Er wohnte in der Hauptstraße unten in einem alten Haus. Manchmal kam er auf den Spielplatz in die neue Siedlung. »Meine Mama ist fort«, berichtete er schnaufend, »sie muß bei Frau Berzani im Blumenladen aushelfen.«

Es war so kalt, daß ihm bei jedem Wort Hauch aus dem Mund kam. »Und jetzt ist mir langweilig allein zu Hause.«

»Mir ist auch langweilig«, sagte Susanna. Aber eigentlich war ihre Langeweile schon verflogen, denn nun hatte sie ja einen Spielkameraden.

Sie hüpften über die Steinplattenwege, die von Haus zu Haus durch die Siedlung führten. Dann kletterten sie am Kletterturm herum, rutschten die Rutschbahn trocken, schaukelten noch ein wenig, aber es machte ihnen doch keinen rechten Spaß. Sie setzten sich auf eine Kellertreppe. Mario sagte: »Ein langweiliges Wetter ist das.« Er hatte das von Frau Berzani gehört. Sie hatte schlechtes Wetter nicht gern, denn dann verkaufte sie weniger Blumen. Susanna kam wieder das Spiel in den Sinn, das sie im Kindergarten gespielt hatten. »Weißt du was?« sagte sie. »Wir könnten doch den Leuten in unserem Haus zu Ostern eine Freude machen.«

»Wie denn?« wunderte sich Mario. »Wir haben ja keine Eier.« Er machte ein ratloses Gesicht.

»Die großen Leute schenken sich doch Blumen!« rief Susanna aus. Sie war ganz stolz auf ihre Idee und sprang mit zwei Sätzen die Treppenstufen hinauf. »Komm. An Blumen haben die Erwachsenen Freude. Das hat doch Fräulein Kunz gesagt.«

Mario schüttelte nur den Kopf und erwiderte: »Blumen sind doch viel zu teuer. Meine Mama muß eine ganze Stunde arbeiten, damit sie bei Frau Berzani ein Sträußchen kaufen kann.«

»Ach was, kaufen«, lachte Susanna. »Bei uns ums Haus herum gibt es genug Blumen.«

Sie nahm Mario an der Hand und zog ihn mit sich. Und wirklich: Links und rechts vom Plattenweg, der zum Eingang von Widmers Block führte, gab es sauber eingefaßte Blumenbeete. Darin blühten Osterglocken und Tulpen in allen Farben. Weil es so kalt war, hatten sie ihre Blüten geschlossen, aber es war trotzdem ein schöner Anblick. Es gab sogar Tulpen, die wie Tigerfelle gefleckt waren. Zwischen ihnen standen schneeweiße Narzissen. »Das merkt doch niemand, wenn wir ein paar nehmen«, flüsterte Susanna dem staunenden Mario ins Ohr. Schon hatte sie zwei, drei Osterglocken abgerissen und mit Narzissen zusammen zu einem hübschen Sträußchen gebüschelt. Mario riß einen langen Halm Ziergras aus und umwickelte die Stiele, wie das seine Mutter im Blumenladen machte. Den Strauß legten sie bei Meiers in den Milchkasten. »So, jetzt haben wir schon jemandem eine Freude gemacht«, meinte Susanna. Und dabei spürte sie, daß es wirklich wahr sein mußte, was ihnen Fräulein Kunz erklärt hatte: Die größte Freude erfährt man selber, wenn man jemandem eine Freude macht . . .

Darum arbeiteten sie nun eifrig weiter. Die Sträuße wurden immer größer und schöner. Mario konnte die Stiele schon fast so schnell umwickeln wie seine Mutter. Als sie zum Milchkasten von Frau Hug kamen, wagte Susanna sogar, ein paar von den gesprenkelten Tigertulpen zu pflücken. Dann lief sie hinters Haus, denn beim Eingang waren die Osterglocken schon ausgegangen . . .

Mario war es nicht mehr geheuer bei der Sache. »Komm, wir verschwinden«, schlug er vor. Aber Susanna büschelte noch seelenruhig die beiden letzten Sträuße zusammen. »Die Blumen wachsen ja schnell wieder nach«, beruhigte sie den ängstlichen Mario. »Frau Keller gibt ihnen dann einfach etwas mehr Dünger.«

Frau Keller wohnte im obersten Stockwerk. Ihr gehörte das Haus. Täglich sah man sie in den Beeten arbeiten, Blumenzwiebeln stecken, hacken, gießen und düngen. Die Blumen war ihr Stolz. Wehe, wenn einmal einem Kind ein Ball in ein Beet rollte. Dann konnte sie schrecklich schimpfen . . .

Als die Kinder den letzten Strauß in Widmers Milchkasten stopften, sprang zuoberst ein Fenster auf. Ein Kopf voller Lockenwickler schoß heraus. Nun zog es auch Susanna vor zu verduften. Wie der Blitz verschwanden die Kinder um die nächste Ecke und rannten auf die Hauptstraße zu.

Abends um sechs klingelte es an Widmers Haustür. Susanna saß brav beim Abendessen. Als sie die Stimme von Frau Keller hörte, ließ sie ihren Grießpudding mit Himbeersauce stehen und verkroch sich in ihr Zimmer. »Alles kaputtgemacht haben mir diese Bengel!« schimpfte die Hausbesitzerin draußen im Korridor. Ihre Stimme dröhnte so laut, daß sogar die Scheiben zitterten. Susanna lief es kalt über den Rücken. »Da gebe ich mir die größte Mühe und ziehe Blumen rund ums Haus, damit es schön aussieht. Und nun machen mir die . . . die . . . alles kaputt!« Sie schnappte nach Luft. »Wenn das noch ein einziges Mal vorkommt, wird Ihnen die Wohnung gekündigt! Ich finde schon Mieter, die zu meinen Sachen mehr Sorge tragen.«

Sie wollte nicht mehr aufhören zu schimpfen. Manchmal überschlug sich ihre Stimme sogar. Susanna spähte durch den Türspalt auf den Korridor hinaus. Die Mutter tat ihr plötzlich leid. Sie entschuldigte sich immer wieder: »Es kommt bestimmt nicht mehr vor, Frau Keller. Wir werden in Zukunft besser auf Susanna aufpassen, ich verspreche es Ihnen . . .«

Die Hausbesitzerin hatte kein Erbarmen. »Und der Tschinggenbub[*], den Ihre Susanna hergeschleppt hat, kommt mir nicht mehr unter die Augen«, krähte sie. »Die Ausländer sollen ihre eigenen Gärten zertrampeln und

---

[*] Tschinggen nennen die Schweizer abwertend die italienischen Gastarbeiter.

nicht in unserer anständigen Siedlung alles kaputtmachen.« Frau Widmer
wußte nicht mehr, was sie antworten sollte. Sie schwieg. Da konnte
Susanna den Mund nicht mehr halten. Sie machte die Zimmertür ein
wenig auf und rief in den Korridor hinaus: »Mario ist kein Tschinggenbub. Das darf man nicht sagen. Das haben wir im Kindergarten gelernt.«
Dann gab sie der Tür einen Stoß, daß sie mit lautem Knall zuschlug.
Blitzschnell drehte sie von innen den Schlüssel um. Die Mutter konnte
lange rufen und bitten: »Mach auf, Susanna, komm dich bei Frau Keller
entschuldigen . . .« Sie lag auf dem Teppich, hielt sich beide Ohren zu und
hörte nichts mehr.

Als der Vater am Abend von der Arbeit kam, sah er, daß die Mutter ganz
verweinte Augen hatte. »Frau Keller will uns die Wohnung kündigen«,
schluchzte sie und fuhr sich immer wieder mit dem Taschentuch über die
Augen. »Die Kinder haben ihr die Beete zertrampelt und Blumen ausge-
rissen.« Da nahm der Vater die Hand vom Rücken und legte zwei Sträuße
auf den Tisch. »Sind es etwa die da?« fragte er und mußte dabei das Lachen
verbeißen. »Ich habe bei der Frau Berzani einen Strauß gekauft, um dir eine
Freude zu machen. Und wie ich heimkomme, liegt ein noch viel schönerer
im Milchkasten.« Da mußte auch die Mutter wieder lächeln. Und der Vater

meinte: »Ich dachte schon, der Osterhase hätte die Blumen gebracht. Aber wenn es Susanna gewesen ist . . .«

»Wir wollten ja nur allen Leuten im Haus eine Freude machen«, hörte man plötzlich eine schüchterne Stimme. Auf der Türschwelle stand Susanna im Schlafanzug. Der Vater gab ihr einen Klaps auf den Hintern. »Ja, des einen Freud, des andern Leid«, lachte er und tröstete die Mutter: »Mit der Hausbesitzerin geh' ich dann schon noch ein Wörtchen reden. Wegen der paar Blumen wird die uns wohl nicht kündigen. Sie muß ja froh sein, wenn sie überhaupt noch Mieter findet für die teuren Wohnungen.«

Nochmals klingelte es. Susanna versteckte sich schnell hinter dem Vater. Aber es war nur die alte Frau Hug vom unteren Stock. »Ich wollte mich bedanken kommen für das wunderschöne Sträußlein. Ich habe gesehen, wie es die Kinder in den Milchkasten gelegt haben. Das hat mich aber wirklich gefreut.« Als der Vater das hörte, mußte er schallend lachen. Die Mutter lud Frau Hug zu einer Tasse Kaffee ein, und Susanna durfte alles erzählen. Vom Kindergarten, vom Hasen, der seine Eier verlor . . .

»Ach, da kommt mir in den Sinn, daß ich ja noch Ostereier gefärbt habe«, sagte Frau Hug. Sie ging in ihre Wohnung hinunter und kam bald zurück mit einem Körbchen voller Eier, die in den schönsten Farben leuchteten . . .

Worauf warten alle Kinder zu Ostern?

Das erfährst du, wenn du die Bezeichnungen der abgebildeten Gegenstände einsetzt. Der gesuchte Begriff steht dann in den farbigen Kästchen.

Brot – Ast – Note – Pferd – Birne – Schirm – Blatt – Hase – Nest;
Der gesuchte Begriff heißt: OSTERHASE

Paul Zech

Gegen Ostern

In den Wäldern hat sich Wind geregt,
leise, ganz leise.
Wolken gehn auf die Reise;
bald ist der Himmel blitzblank gefegt.

Über der Dächer verdunkelten Glanz
huschen die ersten Lichter.
Windverhärmte Gesichter
ducken sich ganz

in das auflodernde Blau'n
und blähen die Nüstern.
Vögel beginnen das Nesterbau'n,

und die Gräser flüstern
vom Blumenblüh'n
und die Kinder vom Eierverstecken im Grün.

Rolf Krenzer

Die Sache mit dem Osterhasen

Voriges Jahr hat Tobias noch ganz fest an den Osterhasen geglaubt. Voriges Jahr ging er auch noch in den Kindergarten. Aber seit er im letzten Jahr vor Weihnachten hinter das Geheimnis des Nikolaus gekommen ist, hat er auch mit dem Osterhasen so seine Schwierigkeiten und Zweifel.

»War das vielleicht auch nur so ein Heiliger oder ein Bischof?« fragt er am Samstag vor Ostern und schaut seinen Vater von der Seite an.

Stefan, sein älterer Bruder, prustet laut los. »Der Osterhase und ein Heiliger!« lacht er. Und Mutti schüttelt energisch den Kopf.

»Nein, ein Bischof war der Osterhase bestimmt nicht!« sagt Vater.

Tobias denkt nach und meint dann: »Aber ich habe noch nie gehört, daß Hasen Eier legen. Das machen doch nur Hühner!«

»Und Gänse und Enten!« fügt Mutti hinzu.

»Alle Vögel legen Eier!« ergänzt Vati. »Du erinnerst dich doch noch an das Vogelnest in unserem Apfelbaum. Da habe ich dir die kleinen braunen Vogeleier gezeigt.«

Tobias nickt. »Nur Vögel legen Eier«, stellt er befriedigt fest.

»Krokodile auch!« ruft Stefan. »Und Schildkröten!«

Wieder kommen Tobias neue Zweifel. »Ehrlich?« fragt er und wendet sich wieder seinem Vater zu. Und Vater grinst und nickt.

»Ameisen legen auch Eier«, sagt Vati jetzt. »Die hast du doch auch schon in dem Ameisenhaufen gesehen.«

Ja, Tobias erinnert sich.

»Aber Osterhaseneier habe ich noch nie gesehen«, sagt er schließlich, nachdem er lange nachgedacht hat.

»Und was war das, was du voriges Ostern bei uns im Garten gefunden hast?« fragt Stefan und hält sich die Hand vor den Mund.

Tobias schweigt. Man merkt richtig, wie es in ihm denkt.

»Du hast sie ja alle aufgegessen«, meint Stefan jetzt. »Wenn der Osterhase sie ausgebrütet hätte, dann hätten wir jetzt schon eine richtige Osterhasenzucht!«

»Der Osterhase war schon fortgelaufen«, antwortet Tobias ärgerlich. »Ich habe ihn überhaupt nicht mehr gesehen. Voriges Jahr nicht. Und davor auch noch nie!«

»Du hättest die Ostereier eben selbst ausbrüten müssen«, meint Vati und hat genau das freche Grinsen um seinen Mund wie Stefan.

»Aber aus Eiern schlüpfen doch kleine Küken!« Tobias erinnert sich ganz genau an die Bilder, die Frau Möller in der Schule gezeigt hat.

»Aus bunten Ostereiern?« fragt Stefan. »Wirklich aus bunten Ostereiern?« An Muttis ärgerlicher Handbewegung zu Stefan und Vati hin merkt Tobias, daß sie zu ihm hält. So oft hat Stefan ihn schon angeschmiert. Und Vati macht natürlich mit. Genau wie damals, als es um den Nikolaus ging. Da hatte Stefan am Ende sogar behauptet, daß das Christkind mit langen goldenen Haaren ebenso wie der Nikolaus durch den Schornstein geflogen kam und anschließend ganz schwarz war. So konnte es dann niemand mehr in der Nacht sehen. Und am Weihnachtsmorgen hatte er ihm sogar die schwarze Rußspur vor der Haustür im Schnee gezeigt. Aber da hatte Mutti heimlich zu Tobias gesagt, er solle nicht alles glauben, was Stefan ihm erzählte. Sie hatte die Asche aus dem Kamin fortgetragen. Dabei war etwas Asche in den Schnee gefallen.

»Ich schlage vor«, sagt Mutti jetzt, »wir setzen morgen unseren Stefan einmal auf die Ostereier. Und dann warten wir ab, was dabei herauskommt. Osterhasen oder Küken!«

»Und den Papa setzen wir dazu!« fügt Tobias an, weil er jetzt ganz sicher Mutti auf seiner Seite weiß.

Als jetzt alle laut lachen, wird Tobias immer sicherer. »Hasen legen nämlich keine Eier!« sagt er. »Und Krokodile und Schildkröten auch nicht! So dumm bin ich nicht, daß ich so etwas glaube.«

»Doch!« Mutti nickt. »Mit den Krokodilen und den Schildkröten, das stimmt wirklich. Sie vergraben ihre Eier im Sand. Wenn die Sonne dann heiß vom Himmel scheint, wird auch der Sand ganz warm. So werden ihre Eier ausgebrütet.«

»Übrigens, die Fische legen auch Eier«, sagt Stefan und feixt schon wieder. Tobias weiß wirklich nicht mehr, was er noch glauben soll. Im Grunde ist er sich ganz sicher, daß Osterhasen keine Eier legen. Außerdem hat er längst die Tütchen mit den bunten Ostereierfarben im Küchenschrank entdeckt. Und daß Hasen Hühnereier bunt anmalen, nein, an dieses Märchen glaubt er schon lange nicht mehr.

»Nicht wahr, Papa, Osterhasen legen keine Eier!« sagt er endlich. Er wendet sich an ihn, weil die Mutter hinausgegangen ist.

Sein Vater wiegt nachdenklich den Kopf hin und her, läßt Tobias noch ein bißchen zappeln und blinzelt dann Mutti zu, die wieder hereingekommen ist und sich hinter Stefans Stuhl zu schaffen macht. Stefan merkt nichts. Er blickt gebannt seinen Vater an und hofft, daß er das Spiel mit dem Osterhasen noch weitertreibt. Schließlich gibt es nichts Schöneres, als den kleinen Bruder hereinzulegen. Und es scheint Stefan so, als würde Tobias wirklich noch an den Osterhasen glauben. »Ja . . .«, sagt Papa gedehnt. »Ich weiß das nicht so genau. Vielleicht kann es einmal vorkommen, daß Osterhasen wirklich Ostereier legen.«

Er lächelt Mutti verschmitzt zu, als sie sich wieder neben ihn setzt. »Solche Wunder gibt es manchmal.«

Dann schaut er zu Stefan hinüber. »Sogar unser Stefan könnte ein Osterei legen, wenn er nur wollte.«

»Stefan?« fragt Tobias und merkt jetzt wirklich, daß sein Vater Unsinn redet.

»Warum nicht?« fragt seine Mutti.

»Jetzt reicht es mir!« ruft Stefan enttäuscht. »Wenn ihr ihn so faustdick anschwindelt, dann glaubt er nichts mehr!«

»Jedenfalls gibt es zu Ostern Ostereier«, sagt Mutti jetzt. »Egal, ob sie der Osterhase gelegt hat oder nicht.«

»Und das ist genauso wie bei unserm Stefan«, fügt sein Vater hinzu. »Ob er sie nun gelegt hat oder nicht.«

»Quatsch!« brüllt Stefan. Doch als er aufspringen will, hält sein Vater ihn ganz fest. »Vorsicht, Stefan!« sagt er. »Wer weiß? Wer so viel von Ostereiern spricht, legt am Ende selbst welche!«

Stefan beginnt sich ein bißchen zu ärgern, weil Tobias jetzt laut loslacht.

Er streift die Hand seines Vaters von seiner Schulter, steht auf, blickt auf seinen Stuhl und erstarrt. Dort, wo er bisher gesessen hat, liegt ein rotes Osterei.

Stefan kann es nicht fassen. Soll er sich jetzt ärgern, weil seine Eltern und Tobias laut loslachen? Er nimmt das Ei, klopft es auf der Tischplatte an und schält es. »Ich habe wenigstens schon ein Osterei«, sagt er und beißt hinein. »Siehst du, genauso ist das mit dem Osterhasen!« sagt er zu Tobias. »Bitte, Mutti!« brüllt Tobias. »Laß mich auch ein Osterei legen! Aber ein blaues!« ruft er schnell noch, als er sieht, daß seine Mutter aufsteht, um hinauszugehen. Dann legt er seinen Kopf auf die Tischplatte, schließt die Augen und wartet.

Ostergrußkarte

Der Brauch, Leuten, die man gerne mag, zu Ostern eine Osterkarte zu schicken, wird immer beliebter.

Solche Karten kann man zwar kaufen, aber sehr viel mehr wird sich der Empfänger freuen, wenn du deine Karte selbst gemalt hast. Hier ein Vorschlag, aber bestimmt fallen dir noch viel mehr Motive ein!

Du benötigst:
- Tonpapier oder dünnen Karton, möglichst beige oder weiß
- Wasserfarben
- Filzstifte

1. Schneide die Karte in doppelter Postkartengröße zu, also 30 x 11 cm, und falte sie in der Mitte, damit sie 15 cm breit und 11 cm hoch ist.
2. Klappst du die Karte auf, hast du genügend Platz für den Ostergruß. Auf die Vorderseite zeichnest du dein Motiv, zum Beispiel eine bunte Frühlingswiese oder ein paar Häschen, Eier und Küken.

So sieht es aus, wenn du deine Ostergrußkarte mit Fingerabdrücken »bemalst«:

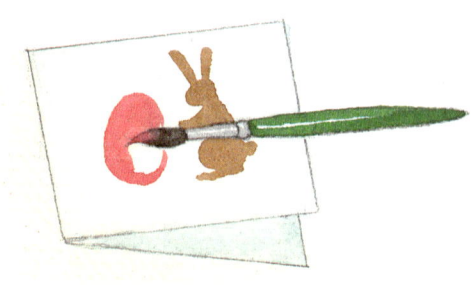

Schoko-Häschen

Um eine ganze Schar von Häschen her-
zustellen, brauchst du:

- 🐰 75 g weiche Butter
- 🐰 75 g Zucker
- 🐰 1 Ei
- 🐰 100 g Speisestärke
- 🐰 100 g Mehl
- 🐰 Saft einer 1/2 ausgepreßten Zitrone
- 🐰 50 g Vollmilch-Kuvertüre
- 🐰 50 g weiße Kuvertüre
- 🐰 etwas Puderzucker und Kakaopulver
- 🐰 Hasen-Ausstechformen, eventuell in
  verschiedenen Größen

1. Zuerst mußt du die Butter mit dem
   Zucker verrühren, dann das Ei, die
   Speisestärke, das Mehl und den Zitronensaft dazugeben. Knete den
   Teig tüchtig durch, und stelle ihn
   dann etwa 1 Stunde kalt.
2. Anschließend rollst du den Teig auf
   einer bemehlten Fläche mit dem Nu-
   delholz aus, so daß er nur noch etwa
   2-3 mm dick ist.
3. Mit deinen Ausstechformen stichst
   du die Häschen aus und legst sie auf
   das gefettete Backblech. Schiebe
   das erste Backblech in den vorgeheizten Backofen, und laß die
   Häschen bei etwa 170 Grad ca. 12
   bis 15 Minuten backen.
4. Während die Häschen abkühlen,
   läßt du die Kuvertüre im Wasserbad
   schmelzen. Die eine Hälfte der
   Häschen wird mit dunkler, die andere mit weißer Kuvertüre bestrichen.
   Mit einem kleinen Tupfer dunkler
   oder weißer Kuvertüre werden die
   Augen gemacht.

5. Ganz zum Schluß bestäubst du die
   braunen Häschen mit dem hellen
   Puderzucker, die weißen mit dem
   Kakaopulver.

Osterlamm

Die Lämmer kommen um die Osterzeit zur Welt. Sie gelten als Symbol des Sanftmuts und der Hingabe. Jesus, der sein Leben für die Menschen hingegeben hat, wird in der Bibel oft mit einem Lamm verglichen. Deshalb gehört das Lamm schon seit sehr vielen Jahrhunderten zum Osterfest.

Zutaten für ein großes Osterlamm:

- 3 Eier, getrennt nach Eigelb und Eiweiß
- 150 g Zucker
- 1 Päckchen Vanillezucker
- Saft einer 1/2 Zitrone
- 60 g Speisestärke
- 60 g Mehl
- 1 Teelöffel Backpulver
- 1 Backform Osterlamm
- Puderzucker

1. Zuerst schlägst du die 3 Eiweiß mit dem Handmixer zu steifem Schnee und stellst ihn vorläufig beiseite.
2. In einer etwas größeren Schüssel rührst du dann die 3 Eigelb schaumig, gibst Zucker, Vanillezucker, Zitronensaft und das bereits mit Backpulver vermischte Mehl sowie die Speisestärke dazu. Zum Schluß wird das steife Eiweiß vorsichtig untergehoben.
3. Der Teig wird nun in die eingefettete Lamm-Backform gefüllt und glattgestrichen. Im vorgeheizten Backofen muß das Lamm bei 175° etwa 25 bis 30 Minuten gebacken werden.
4. Wenn dein Osterlamm abgekühlt ist, wird es mit Puderzucker bestäubt.

3. KAPITEL:

OSTERN –
DAS FEST DER FREUDE

Das Osterfest

Ostern gilt als höchstes Fest in der christlichen Welt. Doch schon früher wurde zu diesem Zeitpunkt gefeiert, weil sich alle Menschen – besonders in den nördlichen Breiten – freuten, daß der kalte, dunkle Winter endlich vorbei war und der Frühling wieder Einzug hielt. Die ersten Blumen begannen zu blühen, und überall war deutlich zu sehen, daß die Natur zu neuem Leben erwachte.

Tatsächlich soll unser deutsches Wort *Ostern* auf die germanische Frühlingsgöttin *Ostara* zurückgehen.

Bereits zu Beginn des 4. Jahrhunderts n. Chr. wurde bei einem Konzil festgelegt, daß Ostern, das Fest der Auferstehung Christi, zukünftig immer am Sonntag nach dem ersten Vollmond im Frühling gefeiert werden sollte. Der Frühling beginnt dann, wenn Tag und Nacht genau gleich lang sind, und das ist am 20. oder 21. März der Fall. Deshalb wird Ostern nicht wie Weihnachten an einem bestimmten Tag gefeiert, sondern jedes Jahr zu einem anderen Datum, frühestens am 22. März, spätestens am 24. April.

Seit wann genau das Ei eng mit Ostern verbunden ist, weiß man nicht, doch es galt bei vielen Völkern von jeher als Symbol der Fruchtbarkeit, des Wunders der Lebenswerdung.

Die bunten Farben der Ostereier spiegeln die Farbenpracht wider, die im Frühling überall in der Natur zu beobachten ist: das sonnige Gelb, das leuchtende Rot der Blumen, das frische, saftige Grün der Wiesen, das tiefe Blau des Himmels.

Die frohe Osterbotschaft

Jesus hat den Jüngern immer wieder verkündet, daß er nach seinem Tod wiederauferstehen werde, und er versprach allen Gläubigen das ewige Leben.

Als Jesus aber dann am Kreuz starb, waren seine Anhänger so untröstlich, daß sie gar nicht mehr an diese Worte dachten. Sie glaubten, er sei für immer von ihnen gegangen.

Wie es bei den Juden Brauch war, wurde Jesus nach seinem Tod in einer Felsenhöhle aufgebahrt. Da am nächsten Tag Sabbat, der jüdische Ruhetag war, ging niemand zu seiner Grabstätte. Erst am übernächsten Morgen, gleich nach Sonnenaufgang, machten sich drei Frauen auf den Weg dorthin.

Diese Frauen hatten Jesus sehr geliebt und verehrt. Ihn am Kreuz sterben zu sehen hatte ihnen fast das Herz gebrochen. Jetzt brachten sie wohlriechende Öle mit, um den Leichnam zu salben, wie es bei ihnen Brauch war.

Unterwegs sagte Maria, die Mutter des Apostels Jakobus, zu ihren Begleiterinnen: »Ob es uns wohl gelingt, den schweren Stein vom Eingang der Grabstätte wegzurollen?«

Maria Magdalena beruhigte sie: »Wir werden es schon schaffen. Vielleicht kommt auch einer der Jünger und kann uns helfen.«

Als die drei Frauen näher kamen, sahen sie zu ihrem Erstaunen, daß der schwere Stein bereits zur Seite gerollt war. Verwundert traten sie in das Innere der Höhle.

Sobald sich ihre Augen an die Dunkelheit gewöhnt hatten, sahen sie, daß die Stelle, an der der Leichnam Jesu aufgebahrt worden war, leer war. Ratlos blickten sie einander an.

Plötzlich traten zwei Männer in leuchtenden Gewändern herein. Geblendet blickten die drei Frauen zur Seite. Da sagten die beiden Fremden: »Was sucht ihr den Lebenden bei den Toten? Er ist nicht mehr hier. Jesus ist auferstanden!«

Erst da erinnerten sich die drei frommen Frauen daran, was Jesus ihnen zu seinen Lebzeiten prophezeit hatte: daß er am Kreuz sterben und begraben werde, am dritten Tag jedoch auferstehen würde.

Jesu Worte hatten sich erfüllt. Der Tod war überwunden! Voller Freude kehrten die Frauen in die Stadt zurück und teilten den Jüngern diese frohe Kunde mit.

Der Osterhase

Text und Melodie: Volksweise

1. Schaut, wer sitzt denn dort im Gras? Stil - le, still, der Has', der Has'!

Guckt mit sei - nem lan - gen Ohr aus dem grü - nen Gras her - vor.

Laßt uns schau - en, was im Nest liegt so ku - gel - rund und fest.

Eier, blau und grün und fleckig,
Eier, rot und gelb und scheckig.
Häslein in dem grünen Wald,
bin dir gut und dank' dir halt.
Häslein mit dem langen Ohr,
dank' dir tausendmal davor!

Willi Fährmann

Das neue Leben – oder:
Wie das Ei zum Osterei wurde

atharina war eine Königstochter im Ägypterland. Sie lebte vor langer, langer Zeit in der Stadt Alexandria. Damals herrschte dort der Kaiser von Rom. Er hieß Maxentius und war der mächtigste Mensch auf der ganzen Erde.

Eines Tages besuchte er seine Stadt Alexandria. Er ließ Katharina zu sich kommen. Sie sollte ihm von Jesus erzählen. Er hatte nämlich erfahren, daß sie eine Christin war.

Katharina kannte viele Jesusgeschichten. Der Kaiser hörte gespannt zu. Ihm gefiel das, was Jesus unter den Menschen getan hatte. Alle seine Ratgeber wunderten sich darüber. Der Kaiser hatte nämlich die Christen verfolgt. Viele waren auf seinen Befehl getötet worden.

Katharina erzählte vom Leben Jesu, von seinem Sterben und schließlich auch, daß er von den Toten auferstanden ist.

»Von den Toten auferstanden?« fragte der Kaiser verblüfft.

Katharina nickte.

Da lachte der Kaiser laut auf und rief: »Das will ich dir nur glauben, wenn du aus einem Stein neues Leben erwecken kannst.«

Katharina ging betrübt davon. Aber dann kam ihr ein Gedanke. Sie kaufte von einem Bauern ein beinahe ausgebrütetes Entenei. Damit ging sie am nächsten Tag zum Kaiser.

»Na, willst du es versuchen?« spottete der.

Sie hielt ihm das Ei entgegen. Die junge Ente riß einen Spalt in die Schale. Der Kaiser schaute geduldig zu, wie das kleine Tier sich aus dem Ei befreite. Der Spott wich aus seinem Gesicht.

»Scheinbar tot«, sagte Katharina. »Scheinbar tot und doch Leben.«

Es heißt, daß der Kaiser sehr nachdenklich geworden ist.

So ist das Ei zum Osterei geworden, ein Zeichen für das, was kein Mensch begreifen kann:

Christus ist auferstanden. Wahr und wahrhaftig, er ist auferstanden.

Gudrun Mebs

Ostervater

Ostern hat jeder gern. Ich auch. Schulfrei ist und bunte Eier gibt's und Schokoladenhasen, und mein Vater schickt ein Paket. Darauf freue ich mich am meisten. Da ist immer komisches Zeug drin, das kann ich meistens gar nicht brauchen. Im letzten Jahr hat er einen rosa Wollhasen geschickt. Einen für Babys! Ich bin kein Baby mehr, mit Wollhasen spiele ich schon längst nicht mehr und mit rosa Wollhasen schon gar nicht. Aber immerhin, mein Vater hat an mich gedacht. Wenn auch falsch gedacht. Ich hab' gelacht, und meine Mutter hat auch gelacht, aber nicht so laut wie ich. Und dann hat sie geseufzt und gemeint, ich kann den Wollhasen ja verschenken. An ein Baby. Ich kenne aber kein Baby, und außerdem ist der Hase ein Ostergeschenk von meinem Vater.

Ich hab' den Wollhasen auf meinen Schreibtisch gesetzt. Da sitzt er noch heute. Bloß ist er jetzt grau, nicht mehr rosa . . .

Mein Vater wohnt nicht bei uns, schon lange nicht mehr. Und kommen und uns besuchen, meine Mutter und mich, das tut er beinahe nie. Weil er so weit weg wohnt und weil er so viel Arbeit hat und weil er überhaupt Familie nicht mag. Hat er mal gesagt. Und Weihnachten mag er auch nicht. Da kriege ich auch nie was von ihm. Bloß an Ostern. Mein Vater ist eben ein Ostervater. Und darauf freue ich mich dann. Besser ein Ostervater als gar keiner.

Und jetzt ist Ostern. Ostersonntag. Ich bin früh aufgewacht. Und hab' gleich losgelegt, mein Osternest zu suchen. Ich hab's auch sofort gefunden. Es war im Schuhschrank, auf meinen Skistiefeln drauf. Im Verstecken ist meine Mutter nicht besonders gut. Sie hat drei Zuckereier im Flur verloren, und das war eine deutliche Spur, ganz klar. Aber ihr zuliebe habe ich dreimal ganz laut gesagt: »Ja, wo hat denn der Osterhase wohl mein Nest versteckt?« Und ich hab' laut im Schirmständer gewühlt. Meine Mutter hat sich gefreut und gekichert, und sie ist in die Küche gegangen und hat Frühstück gemacht. Osterfrühstück! Meine Mutter hat an Ostern viel mehr Arbeit als sonst beim Frühstückmachen, weil's außer Müsli und Knäckebrot auch noch Salate gibt und Aufschnitt und Braten und Süßspeise, und davon leben wir am Ostersonntag den ganze Tag lang. Weil man ein Osterfrühstück nicht auf einmal aufessen kann.

Ich gehe mit meinem Osternest in die Küche zu meiner Mutter. Sie deckt den Tisch und gibt mir einen fischigen Kuß. Weil sie am Fischsalat genascht hat. Ich schmecke es genau.

»Fröhliche Ostern, Liebling«, sagt sie, und »Fröhliche Ostern, Mama«, sage ich und schaue erwartungsvoll auf meinen Stuhl. Da steht nämlich an Ostern immer das Paket von meinem Vater. Steht aber nicht! Mein Stuhl ist leer! Das sehe ich mit einem Blick. Mein Vater hat kein Paket geschickt! Zum ersten Mal an Ostern nicht! Ich schlucke . . .

»Fröhlichen Osterschmaus«, sagt meine Mutter vergnügt und zeigt stolz auf den Osterfrühstückstisch, »guten Appetit.«

Ich habe keinen Hunger. Überhaupt nicht. Mein Vater hat kein Paket geschickt! Mein Vater hat mich vergessen! Zum ersten Mal!

»Mama«, sage ich. Und dann sage ich nichts mehr. Meine Mutter schneidet Braten und schiebt sich eine dicke Scheibe in den Mund, und sie sieht fröhlich aus und hat rote Backen, und sie schält ein Osterei, und sie sieht überhaupt nicht aus, als würde sie sich wundern. Weil mein Vater kein Osterpaket geschickt hat.

Ich setze mich. Auf meinen leeren Stuhl. Ich möchte schon essen. Aber ich kann nicht. Da ist was in meinem Hals. Ein dicker Kloß, dick wie ein Osterei . . . da rutscht nichts dran vorbei.

»Iß, Junge«, sagt meine Mutter und kaut vergnügt, »nimm vom Schinken, der ist gut.«

Ich nehme vom Schinken. Der Schinken schmeckt wie Pappe. Alles schmeckt wie Pappe. Ich starre auf mein Osternest. Der Schokoladenhase grinst mich an. Böse. Dem beiße ich ein Ohr ab. Auch wenn Schinken und Schokolade zusammen scheußlich schmecken. Alles schmeckt scheußlich. Der Hase sieht blöd aus mit dem abgebissenen Ohr. Er grinst nicht mehr. Der Hase kann nichts dafür. Aber mein Vater! Der schon.

Ich glaub', ich muß heulen. Aber Heulen geht nicht. Nicht am Ostersonntag. Da wird gefeiert, nicht geheult. Da wird das Paket von meinem Vater ausgepackt . . . das nicht gekommene Paket.

Und jetzt heule ich doch. Meine Mutter merkt nichts, zum Glück. Ich heule nämlich unter dem Tisch. Ich binde Schnürsenkel auf und wieder zu. Dabei kann man lange heulen . . .

Da klingelt's. Ganz kurz. Ich horche auf. Und schaue auf die Beine meiner Mutter. Ob die Beine loslaufen zur Tür. Vielleicht ist es der Postbote! Der bringt das Paket. Die Beine laufen nicht. Und über dem Tisch schmatzt es. Meine Mutter ißt, seelenruhig. Als hätte es nie geklingelt. Es klingelt auch nicht mehr. Kein Postbote . . . kein Paket. Ich binde die Schnürsenkel wieder zu und tauche auf. Ich kann ja nicht ewig unterm Tisch hocken.

»Es hat geklingelt«, sagt meine Mutter und lächelt freundlich in mein verheultes Gesicht. Ich dreh's schnell weg. Mütter müssen nicht alles sehen . . . und sause raus zur Flurtür. Und horche. Draußen ist es still. Kein Mucks zu hören. So still, als wäre da niemand. Ich schau' durchs Guckloch. Niemand zu sehen. Ein Postbote schon gar nicht.

»Mach doch auf«, ruft meine Mutter aus der Küche, »ich glaub', der Osterhase war da!« Und sie lacht so komisch. Der Osterhase! An den glaube ich ja nun wirklich schon lange nicht mehr. Aber wenn's ihr Spaß macht . . .

Ich mache die Tür auf, einen Spalt . . . und da liegt vor der Tür ein Osterei! Aber ein riesiges! So ein riesiges Osterei, wie ich es noch nie gesehen habe. Ein riesengroßes Osterei in Rosa!

Vor Schreck haue ich die Tür wieder zu. Und reiße sie gleich wieder auf. Ist ja blöd, sich vor einem Osterei zu fürchten, wie groß es auch immer ist. Das Osterei liegt noch immer da. Ich starre, blinzele, starre wieder . . . und plötzlich rumpelt das Riesenei, wackelt kurz, liegt wieder still. Ein lebendiges Riesenei aus Pappe. Da wackelt es wieder, schwankt hin und her, und ich springe zu und halte es fest. Sonst wäre das Ei die Treppe abwärts gerollt. Und aus dem Ei brummt es heraus, und es brummt ziemlich dumpf und ziemlich verärgert: »Jetzt pack mich doch endlich aus, ich schwitze mich ja kaputt.« Sofort lasse ich das Ei los und springe zurück. Ein sprechendes Osterpappei?

»Auspacken!« brummt es und schwankt gefährlich. Und da greife ich endlich zu. Reiße und ziehe und hab' eine Riesenosterpappeihälfte in den Armen . . . und in der anderen Hälfte liegt . . . mein Vater. Gekrümmt, verschwitzt und grinsend.

»Endlich!« stöhnt er und steigt raus. »Ich hab' schon gedacht, du kapierst es nie! Na, ist die Überraschung gelungen?«

»Papa!« sage ich und stehe blöd da, die Pappeierhälfte in der Hand.

»Ich hab' gedacht, zu Ostern schicke ich mich mal selber«, sagt mein Vater und lacht. »Heiß war's in dem Ei, das kann ich dir sagen, ich bin beinahe erstickt.«

Ich kann nichts sagen. Ich hab' schon wieder einen Kloß im Hals.

»Fröhliche Ostern«, sagt mein Vater und gibt mir einen Kuß. Über die Eipapphälfte hinweg.

»Papa«, sage ich und lasse die Rieseneierschale fallen, aber da sitzt mein Vater schon bei meiner Mutter am Osterfrühstückstisch. So, als wäre er nie weg gewesen.

Meine Mutter seufzt ein bißchen, und sie lacht ein bißchen, und sie hat rote Backen. Und mein Vater hält mir ein Osterei entgegen. Ein blaues.

Ich nehme ein rotes und haue es fest gegen das blaue Papa-Ei. Das machen wir immer so . . . das haben wir immer so gemacht. Früher . . . Weil man sich dabei was wünschen darf. Wenn das Ei heil bleibt. Mein Ei bleibt heil. Ich darf wünschen. Aber ich wünsche nichts. Ich hab' schon so oft gewünscht, und nie hat es geklappt. Und heute ist der Papa ja da. Wenigstens heute . . . heute ist er mein Ostervater . . .

Ich schau' meinen Vater an, und der schaut nicht zurück. Er schält sein Ei, sein kaputtes, und stopft es sich schnell in den Mund. Und ich merke genau, er hat auch einen Kloß im Hals. Und ein Ei im Mund, was nicht rutschen will . . .

Es ist aber dann doch noch gerutscht. Und Schinken und Braten und Salate hinterher. Und Sekt haben Mama und Papa auch getrunken und viel gelacht und laut gelacht. Ich hab' auch Sekt gekriegt, ein winziges bißchen, und ich hab' auch laut gelacht. Und das Osterfrühstück war schön! Wir haben uns zu dritt in das Riesenpappei gesetzt. Und dabei ist das Pappei leider geplatzt. Schade. Aber mein Vater hat gesagt, er braucht es sowieso nicht mehr. Weil er uns schon ganz bald wieder besuchen kommt.

Warum bringt ausgerechnet der Osterhase die Eier?

Nun, so ganz genau weiß das eigentlich niemand. Fest steht nur, daß in Europa schon im Mittelalter zu Ostern Eier verschenkt wurden.

Von Ausgrabungen wissen wir, daß es bei den alten Römern und in anderen Kulturen üblich war, den Toten bemalte Eier als Wegzehrung für das Jenseits mitzugeben.

Schon lange vor unserer Zeitrechnung, also vor Christi Geburt, sollen sich die Menschen im Nahen und Fernen Osten rotgefärbte Eier geschenkt haben. Diese roten Eier galten als Sinnbild für ein langes, glückliches Leben.

Dieser Brauch wurde vermutlich von den Kreuzfahrern gegen 1200 n. Chr. aus dem Orient zu uns gebracht.

Doch wie und warum wurden diese rotgefärbten Eier zu Ostereiern? Für die christliche Welt wurden sie zum Symbol. Die rote Farbe stand fortan für das Blut, das Jesus Christus für uns vergossen hat, und das Ei selbst vermittelte die Hoffnung auf ewiges Leben.

Vielleicht hatte die Entstehung des »Ostereis« auch hauptsächlich praktische Gründe. Während der Fastenzeit war es nämlich verboten, Eier zu essen, so daß am Ende der vierzigtägigen Fastenzeit, also an Ostern, sehr viele Eier übrig waren, die man dann einfach großzügig verschenkte. Den Kindern wurde damals aber noch nicht erzählt, daß der Osterhase die Eier brachte, die sie am Ostermorgen im Garten suchen durften. Mal war es der Storch, mal der Fuchs, dann wieder der Kuckuck. Schließlich aber setzte sich die Figur des Hasen durch, da dieses Tier, das sich sehr stark vermehrt, ebenso wie das Ei die Fruchtbarkeit verkörperte. Und seither ist es eben der Osterhase, der die Ostereier bringt.

Eierspiele für drinnen

Eier erwürfeln

Dazu braucht man:

❦ 1 Würfel und viele, viele Eier

Mitten auf dem Tisch steht ein großer Korb, in dem alle Eier liegen, die ihr auftreiben könnt. Das können Oster-eier oder Schokoladeneier sein. Jeder Spieler hat ein leeres kleines Nestchen oder einen Teller vor sich.
Nun beginnt ihr, reihum zu würfeln. Wer eine 6 hat, darf ein Ei aus dem Korb in der Mitte nehmen und in sein eigenes Nest legen. Wer kann die meisten Eier ergattern, ehe der Korb in der Mitte leer ist?

Puste-Ei

Dazu braucht man:

❦ 1 ausgeblasenes Ei

Alle Spieler sitzen um den Tisch, halten sich an den Händen und legen die Arme auf die Tischplatte, so daß sie einen geschlossenen Kreis bilden. Das ausge-blasene Ei liegt mitten auf dem Tisch. Sobald der Spielleiter das Kommando gibt, beginnen alle zu pusten. Achtung, wenn du nicht schnell genug reagierst oder zu schwach pustest, so daß das Ei deinen Arm berührt, erhältst du einen Strafpunkt.
Wer bei Spielende die wenigsten Punk-te hat, ist *Pustesieger*.

Wer hat das härteste Ei?

(ab 2 Spieler)

Dazu braucht man:
- ❦ pro Spieler mindestens 1 hartge-kochtes Ei

Dieses uralte Spiel ist auch unter dem Namen »Eier-Ticken« oder »Eier-Gup-fe« bekannt. Am besten spielt ihr es, wenn ihr danach ohnehin einen Eiersa-lat zubereiten wollt!
Jeweils zwei Spieler nehmen je ein hart-gekochtes Ei in die Hand und vereinba-ren, ob sie sie mit der Spitze oder dem runden Ende aneinanderstoßen. Dann wird gewettet, wessen Ei heil bleibt. Dabei kannst du natürlich auch auf das Ei deines Mitspielers wetten. Wessen Ei heil bleibt, der bekommt das Ei seines Mitspielers mit der zerbrochenen Scha-le. Wer falsch gewettet hat, muß ein Pfand abgeben. Was? Du mußtest dein kaputtes Ei und auch noch ein Pfand abgeben? Dann nichts wie Revanche fordern!

Wo steckt das Ei?

(ab 3 Spieler)

Dazu braucht man:
- ❦ mehrere hartgekochte Eier

Mit einem Auszählvers wird bestimmt, welches Kind zum Eiersucher ernannt wird. Es dreht sich mit dem Gesicht zur Wand. Die anderen Kinder stellen sich in einiger Entfernung nebeneinander auf. Dabei geben sie das erste Ei hinter dem Rücken von einem Kind zum ande-ren weiter und singen dabei im Chor: »Eins, zwei, drei, wo steckt das Ei?«
Bei dem Wort Ei darf sich der Eiersucher umdrehen. Das Ei wird nicht mehr wei-tergegeben. Kann der Eiersucher an der Haltung oder am Gesicht eines der Kin-der erraten, wer das Ei in der Hand hält? Hat er richtig geraten, darf er das Ei behalten und wird abgelöst.

Rätsel:

Wer findet welches Nest?

Wenn du die Buchstaben auf den Nestchen richtig ordnest, erfährst du außerdem, was sich mit Sicherheit in jedem Nest befindet.

Der gesuchte Begriff lautet: EIER

OSTERN hat's in sich!

In dem Wort OSTERN sind mindestens fünfzehn andere Worte versteckt. Du findest sie, wenn du die Buchstaben ein bißchen durcheinanderschüttelst.

ER – ERNST – NEST – NOT – OST – OSTEN – REST – ROT – ROSE – ROST – ROSTEN – SORTE – STERN – TON – TOR

Eierspiele für draußen

Eier-Wettrollen

(beliebig viele Mitspieler)

Dazu braucht man:
- pro Spieler 1 hartgekochtes Ei

Mit diesem Spiel haben sich sicher schon deine Urgroßeltern in ihrer Kindheit amüsiert. Um es zu spielen, solltet ihr allerdings einen kleinen Abhang oder zumindest eine abschüssige Stelle im Garten haben.
Auf das Kommando des Spielleiters hin lassen alle ihr Ei hinunterrollen. Wessen Ei am weitesten rollt, der bekommt einen Punkt.

Hindernislauf mit Ei

(beliebig viele Mitspieler)

Dazu braucht man:
- pro Spieler 1 hartgekochtes Ei und 1 Eßlöffel
- Stoppuhr

Zuerst wird pro Kind ein Ei im Garten versteckt. Während die Kinder auf der Suche sind, baut der Spielleiter die Rennstrecke auf. Er bestimmt den Startpunkt und das Ziel und baut möglichst viele Hindernisse auf, durch Stühle, gespannte Seile usw.
Hat das erste Kind ein Ei gefunden, legt es dieses auf den Löffel und stellt sich an den Start. Sobald sich alle Kinder eingefunden haben, kann das erste Kind starten. Es sollte sein Ei möglichst unversehrt über alle Hindernisse transportieren. Wer das in der kürzesten Zeit schafft, ist Sieger.

Auf einer grünen Wiese

(beliebig viele Mitspieler)

Dazu braucht man:
- 🐰 6 hartgekochte Eier
- 🐰 1 Tuch

Die Mitspieler stellen sich im Kreis auf. Zuerst wird ausgezählt, wer beginnt. Das geht z.B. mit dem Vers:

Ene mene Osterhas,
wer beginnt? Oh, du bist das!

Dem ausgezählten Kind werden die Augen verbunden. Die anderen bleiben im Kreis stehen, während der Spielleiter die sechs Eier im Kreis verteilt. Sobald das Kommando gegeben wird, darf das Kind mit den verbundenen Augen mit der Suche beginnen. Vorsichtig und auf allen vieren krabbelt es los und versucht, möglichst alle Eier einzusammeln, während die Kinder im Kreis auf die Melodie von »Ein Männlein steht im Walde« folgendes Lied singen:

Auf einer grünen Wiese
hoppelt ein Has',
er sucht die vielen Eier,
die er verloren hat.
Ei, mein kleines Häslein, hüpf,
hol dir schnell die Eier zurück,
eh der böse Fuchs sie gefunden hat.

Nach dem Absingen dieses Verses ist die erste Spielrunde zu Ende. Das Kind, das gesucht hat, darf seine Augenbinde abnehmen. Für jedes gefundene Ei erhält es einen Punkt. Dann wird der nächste ausgezählt. Wer hat am Schluß die meisten Punkte?

Helmar Klier

Ostermorgen

auline kommt aus dem Garten in die Wohnung gelaufen. Sie hält ein Körbchen mit bunten Eiern hoch. »Ich hab' sie alle gefunden!« ruft sie.

»Bist du auch auf keins draufgetreten?« fragt ihr Vater.

»Laß mal zählen«, sagt die Mutter, und sie zählt die Ostereier.

»Eins fehlt noch.«

»Das such' ich später«, sagt Pauline. »Wann kommt denn die Oma nun?«

»Sie wird bald da sein«, meint die Mutter.

Da hupt es draußen auch schon.

»Die Oma ist da!« ruft Pauline und läuft hinaus. Die Mutter und der Vater folgen ihr.

Paulines Oma steigt gerade aus dem Auto.

»Hallo, mein Schatz«, sagt sie zu Pauline.

»Schön, daß du endlich da bist«, ruft Pauline. Die Oma und die Mutter umarmen sich. Auch Paulines Vater gibt der Oma einen Kuß auf die Wange. Dann gehen sie alle in die Wohnung.

Die Oma kramt in ihrer Reisetasche.

»Ich hab' dir auch etwas mitgebracht«, sagt sie und holt ein Körbchen heraus.

»Noch einmal Ostereier«, stellt Pauline fest.

»Und ein Osterhase aus Schokolade«, sagt die Oma.

»Jetzt gibt es wochenlang Eier zu essen«, meint Paulines Vater. »Das wird eine Freude.« Und er zwinkert der Oma zu.

»Was machen wir bei dem schönen Wetter?« fragt Paulines Mutter.

»Ich möcht' in den Tierpark!« ruft Pauline. »Aber nur mit der Omi!«

»Wenn ihr also nichts dagegen habt«, sagt die Oma zu Paulines Mutter und Vater, »gehe ich mit eurer Tochter in den Tierpark. Aber erst muß ich ein Päuschen machen nach der langen Fahrt.«

»Wir haben nichts dagegen, verehrte Schwiegermutter«, sagt Paulines Vater.

Nach einer Stunde fühlt sich die Oma wieder frisch, und sie fährt mit Pauline los.

»Warum fährst du so langsam?« fragt Pauline. »Die Mama fährt immer viel schneller.«

»Weil ich mich hier nicht so gut auskenne«, sagt die Oma. »Außerdem ist eine alte Frau kein D-Zug.«

»Du bist doch nicht alt«, meint Pauline.

»Danke schön«, sagt die Oma.

Dann sind sie auch schon da. Heute ist es ziemlich voll im Tierpark. Aber Pauline mag das, wenn viele Leute dort sind. Wie immer gehen sie an den Giraffen vorbei zuerst zu den Affen. Die Schimpansen dürfen bei dem schönen Wetter draußen rumtoben.

»So stell' ich mir vor, daß es bei euch im Kindergarten zugeht«, sagt die Oma.

Von den Affen gehen sie zu den Elefanten. Dahinter steht gleich das Raubtierhaus. Da stinkt es immer fürchterlich. Im Freigehege dösen zwei Löwen in der warmen Mittagssonne.

»So sieht der Opa immer aus, wenn er schläft«, meint Pauline.

»So hat er ausgesehen, Kindchen«, sagt die Oma. »Mein Gott, wie die Zeit vergeht. Er ist noch kein Vierteljahr tot, und mir kommt das schon so lange vor.« Dabei schaut sie ganz traurig und drückt fest Paulines Hand.

Auch Pauline ist ein bißchen traurig geworden, aber das geht schnell vorüber. Denn jetzt sind sie bei den Pinguinen, Eisbären und Seehunden. Die Eisbären sind langweilig, aber die Pinguine sehen lustig aus – wie kleine Männer im Frack. Und die Seehunde flitzen durch das Wasser, tauchen manchmal hoch und schreien dabei ganz komisch.

Langsam machen sich Pauline und die Oma auf den Rückweg. Pauline schleckt an einem Eis. Sie kommen noch an Zebras, Büffeln, Känguruhs, Wölfen, Bären, Wildpferden und vielen bunten Vögeln vorbei. Auch in das Schlangenhaus muß Pauline noch hineingehen. Sie hat zwar ein bißchen Angst vor diesen Tieren, aber gerade deswegen will sie sie immer wieder anschauen. »Igitt, sind die gräßlich«, sagt sie. Und dabei läuft es ihr kalt den Rücken hinunter. Aber das Gefühl ist ihr nicht unangenehm.

»Ich träume manchmal von großen Spinnen«, sagt Pauline zur Oma, »und die heißen Panzerknüller.«

»Wie?« fragt die Oma und lacht.

»Panzerknüller«, sagt Pauline.

»So ein komisches Wort«, meint die Oma.

Auf der Heimfahrt sagt Pauline: »Schade, daß der Opa nicht mehr dabeisein kann.« Die Oma nickt.

Dann schweigen beide, bis sie zu Hause angekommen sind. Der Vater und die Mutter stehen schon am Gartentor.

»War's schön?« fragt die Mutter.

»Toll war's mit der Omi!« ruft Pauline.

»Wer fängt mich?« fragt Pauline und läuft durch den Garten.
Ihr Vater rennt hinterher. »Na warte! Gleich hab' ich dich!« ruft er. Dann
bleibt er plötzlich stehen. »Mist«, sagt er und schaut auf seinen Schuh.
Pauline kommt neugierig heran. Unter der Schuhsohle quillt es weiß und
gelb und bunt hervor.
»Da haben wir ja das Osterei, das du heute morgen nicht gefunden hast«,
sagt der Vater. »Aber jetzt ist es Rührei. Prost Mahlzeit. Und ausgerechnet
mir muß das passieren.«
Pauline und ihr Vater schauen sich an. Dann müssen sie beide fürchterlich
lachen.

Osterhasen-Lieblingskuchen

Was hältst du davon, an Ostern zu Ehren des Osterhasen einen Kuchen zu backen? Bestimmt weißt du, daß Hasen am liebsten Mohrrüben essen. Also, zaubern wir daraus einen leckeren und zudem gesunden Kuchen!

Du benötigst:
- 6 Eier – getrennt nach Eigelb und Eiweiß
- 200 g Zucker
- 1/2 unbehandelte Zitrone (Saft und abgeriebene Schale)
- 250 g Möhren, fein geraspelt
- 250 g gemahlene Haselnüsse oder Mandeln
- 1 Prise Salz
- 1/2 Teelöffel Zimt
- 50 g Mehl, mit 1 Teelöffel Backpulver vermischt

1. Zuerst rührst du den Zucker mit den 6 Eigelb schaumig. Dazu nimmst du am besten einen Handmixer. Dann kannst du die anderen Zutaten (aber noch nicht das Eiweiß!) nach und nach dazugeben.

2. Mit dem zwischendurch abgewaschenen Handmixer wird das Eiweiß zu steifem Schnee geschlagen. Dieser Schnee wird jetzt vorsichtig von Hand unter den Kuchenteig gerührt.
3. Der Teig wird in eine gefettete Springform gefüllt. Dann wird er im vorgeheizten Backofen bei 180 Grad etwa 60-70 Minuten gebacken.
4. Ist der Osterhasen-Kuchen abgekühlt, kannst du ihn mit Puderzucker bestreuen und ganz zum Schluß mit Dekor-Möhrchen verzieren, die im Supermarkt erhältlich sind.

Oster-Bowle

Eine leckere Oster-Bowle, die allen Kindern schmeckt, ist schnell zubereitet.

Man benötigt dafür nur:
- 🐰 den Saft einer ausgepreßten Zitrone
- 🐰 1 Dose Ananasstückchen
- 🐰 2 Flaschen Zitronenlimonade

Diese drei Zutaten werden in einer großen Glasschüssel miteinander vermischt. Dann brauchst du die Bowle nur noch 2 bis 3 Stunden ziehen zu lassen, und schon löscht sie auch den größten Durst!

Eiersalat

Was macht man, wenn man zu viel Ostereier in seinem Nest gefunden hat? Keine Frage – Eiersalat!

Um deine ganze Familie satt zu machen, brauchst du:
- 🐰 8 hartgekochte Eier
- 🐰 1 dicke Scheibe gekochten Schinken
- 🐰 1 dicke Scheibe Käse, z.B. Gouda oder Butterkäse
- 🐰 1 Becher Crème fraîche
- 🐰 Salz, Pfeffer, je 1 Eßlöffel Öl und Essig
- 🐰 Kresse, Petersilie

1. Zuerst werden die Eier geschält und in kleine Würfel geschnitten. Auch den Schinken und den Käse schneidest du in Würfelchen. Diese drei Hauptzutaten werden in einer Salatschüssel miteinander vermischt.
2. In einem kleinen Schüsselchen vermischst du die Crème fraîche mit etwas Salz und Pfeffer, dem Öl und Essig. Auch die feingehackte Petersilie (die du am besten von einem Erwachsenen kleinschneiden läßt!) wird daruntergerührt. Dann hebst du die fertige Salatsoße unter den Eier-Schinken-Käse-Salat.
3. Ganz zum Schluß verzierst du deinen Eiersalat noch mit der frischen Kresse.

Ganz hervorragend schmeckt er mit frischem Weißbrot, z.B. mit Baguette, das im Ofen noch einmal kurz angewärmt wird.

Otfried Preußler

Der Schusserkönig

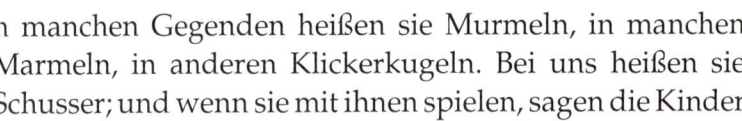

In manchen Gegenden heißen sie Murmeln, in manchen Marmeln, in anderen Klickerkugeln. Bei uns heißen sie Schusser; und wenn sie mit ihnen spielen, sagen die Kinder bei uns: »Wir schussern.«

Peter hatte zu Ostern ein ganzes Schock Schusserkugeln geschenkt bekommen, dazu einen Beutel aus bunter Leinwand, damit er sie nicht in der Hosentasche herumschleppen mußte. Von allen Jungen im Dorf hatte Peter den prächtigsten Schusserbeutel – und auch das meiste Pech.

Es war wie verhext. In diesem Frühjahr konnte der Peter schussern, mit wem er wollte: Immer verlor er das Spiel. Er verlor gegen den Hans, gegen den Rudi, gegen den Herbert und alle anderen. Selbst gegen den Michel verlor er, der doch bekanntermaßen ein großer Tolpatsch war.

»Wenn das so weitergeht«, dachte der Peter, »kann ich mir ausrechnen, wann ich blank bin.«

Von jetzt an schusserte er mit größter Sorgfalt. Vor jedem Schub spuckte er dreimal auf seine Kugeln und murmelte:

> »Schusser, Schusser, Schusserlein,
> roll schön brav ins Loch hinein!
> Rollst du nicht ins Loch hinein,
> schmeiß' ich dich an einen Stein!«

Er fegte mit dem Schnupftuch jedes einzelne Sandkorn aus der Bahn, bevor er anschob. Beim Zielen hielt er den Atem an, bis er blau wurde – alles umsonst! Die anderen Buben lachten, und dem Peter war es zum Heulen. Als er den letzten Schusser verspielt hatte, nahm er den leeren Beutel und schlich davon. Er setzte sich hinter dem Schuppen auf einen Holzklotz und ärgerte sich. Da bemerkte er plötzlich, daß in der äußersten Ecke des Beutels noch etwas Hartes steckte.

»Nanu!« dachte der Peter – und als er den Beutel umstülpte, fiel ein letzter vergessener Schusser heraus. Rot war er und an einer Stelle ein bißchen abgestoßen. Peter legte ihn auf die flache Hand und betrachtete ihn.

»Ob ich's noch einmal mit dir versuche?« fragte er. – Und da antwortete der Schusser mit feiner Stimme: »Versuch's doch!«

Peter glaubte, nicht recht zu hören. »He!« rief er. »Du kannst sprechen?«

»Wundert dich das? Ich bin ja der Schusserkönig.«

»Was du nicht sagst!«

»Ich verspreche dir, daß du von nun an beim Schussern immer gewinnen wirst. Du kannst dich auf mich verlassen, Peter.«

Peter vertraute dem Schusserkönig, er ging zu den anderen Jungen zurück und sagte: »Ich will es noch mal versuchen.«

Die Buben lachten ihn schallend aus.

»Wenn du den Schusser gleich in den Bach wirfst, ist es das gleiche!« rief der Herbert. Und der Rudi meinte: »Wir lassen uns gern was vorschussern.«

Peter spuckte aus alter Gewohnheit dreimal auf den Schusserkönig, bevor er anschob. Der Schusserkönig rollte genau ins Loch: Das Spiel war gewonnen.

»Wenn schon!« erklärte der Michel mit einem Achselzucken. »Einmal ist keinmal.«

Sie spielten ein zweites, ein drittes, ein viertes, ein fünftes Mal. Doch sooft sie auch schusserten – von jetzt an gewann der Peter, als ob er das Glück gepachtet hätte. Als er an diesem Abend nach Hause ging, war sein Beutel zum erstenmal wieder prall und voll.

Der Schusserkönig hielt Wort. Peter gewann auch am nächsten Tag alle Spiele, am übernächsten genauso – und immer weiter. Bald hatte er keinen Platz mehr im Schusserbeutel. Er stopfte die fremden Schusser in beide Hosentaschen, und schließlich zog er sogar seine Strümpfe aus, um die Beute einzusacken.

Dem Peter gefiel das natürlich, den anderen weniger. Deshalb beschlossen sie eines Tages, daß sie nicht länger mit Peter schussern wollten.

»Mach, daß du hier verschwindest!« rief Herbert. »Du kannst dir die Dummen woanders suchen!«

Peter suchte sich andere Jungen zum Schussern und knöpfte auch ihnen die Kugeln ab – so lange, bis sie ihn wegjagten.

Schließlich gab es im ganzen Dorf keinen einzigen Jungen mehr, der mit dem Peter schussern wollte.

Auch der Peter hatte allmählich alle Freude am Schussern verloren. Immer gewinnen – das ist auf die Dauer auch nichts. Beim Spielen muß man von Zeit zu Zeit auch verlieren können, sonst wird die Geschichte langweilig. Von nun an versuchte der Peter, wenigstens einmal wieder danebenzuschussern. Er hielt sich beim Schussern die Augen zu, er schusserte absichtlich in die falsche Richtung – alles umsonst. Da kam ihm in seiner Verzweiflung ein guter Gedanke. Er kramte aus seinem Beutel den

Schusserkönig hervor und bat ihn: »Kannst du nicht dafür sorgen, daß ich es schaffe, dann und wann ein Spiel zu verlieren?«

»Wenn es dein Wunsch ist, so will ich ihn dir gewähren«, meinte der Schusserkönig. »Du weißt ja: Was ich verspreche, das halte ich.«

Von jetzt an hat er beim Schussern endlich auch wieder manchmal verlieren können, der Peter. Bald war sein Schusserbeutel ein bißchen voller, bald war er ein bißchen leerer – wie es gerade kam. Dem Peter hat das nichts ausgemacht. Er war froh, daß nun alles wieder beim alten war.

Übrigens hat er den Schusserkönig bei einem der nächsten Spiele verloren – vielleicht an den Hans, vielleicht an den Rudi. Es kann auch der Michel gewesen sein, das ist schwer zu sagen. Von außen sieht ja der Schusserkönig wie ein gewöhnlicher Schusser aus. Er ist rot und an einer Stelle ein bißchen abgestoßen. Er wandert beim Schussern von Hand zu Hand, von Hosentasche zu Hosentasche, von Beutel zu Beutel. Die wenigsten Kinder ahnen, daß sie den Schusserkönig schon einmal gewonnen und wieder verloren haben: Und eigentlich ist das gut so.

Oster-Quiz

Wenn du alle Fragen richtig beantwortest, ergeben die Buchstaben vor den Antworten, der Reihe nach gelesen, das Lösungswort.

1. Wie lange dauert die Fastenzeit?
   - A) eine Woche
   - G) vier Wochen
   - F) vierzig Tage

2. Auf welchem Tier ritt Jesus in Jerusalem ein?
   - P) Kamel
   - R) Esel
   - S) Pferd

3. Wann feierte Jesus mit den Jüngern das letzte Abendmahl?
   - Ö) Karfreitag
   - Ü) Gründonnerstag
   - Ä) Palmsonntag

4. Wovon hängt das Datum des Osterfests ab?
   - H) vom Vollmond
   - I) vom Stand der Sonne
   - L) vom letzten Schneefall

5. Warum läuten von Karfreitag bis Ostersonntag keine Kirchenglocken?
   - L) aus Trauer über Jesu Tod
   - M) um Strom zu sparen
   - N) wegen der alljährlichen Sicherheitsüberprüfung

6. Was haben die Menschen früher als Symbol für langes Leben verschenkt?
   - B) Palmzweige
   - K) Goldketten
   - I) rote Eier

7. Welches Tier hat nichts mit Ostern zu tun?
   - N) Maus
   - O) Hase
   - P) Lamm

8. Was macht der Hase mit seinen Löffeln?
   - E) Ostereier transportieren
   - F) fressen
   - G) hören

Lösung: FRÜHLING

James Krüss

Der Apfelbaum ist aufgeblüht

Der Apfelbaum ist aufgeblüht.
Nun summen alle Bienen.
Die Meise singt ein Meisenlied.
Der Frühling ist erschienen.

Die Sonne wärmt den Apfelbaum.
Der Mond scheint auf ihn nieder.
Die kleine Meise singt im Traum
die Apfelblütenlieder.

Die Bienen schwärmen Tag für Tag
und naschen von den Blüten.
Mög' sie der Mai vor Hagelschlag
und hartem Frost behüten.

Der Apfelbaum ist aufgeblüht.
Der Winter ist vorbei.
Mit Blütenduft und Meisenlied
erscheint der junge Mai.

James Krüss

Der Mai und die Kinder

Auf einer Wiese, die zwischen Hügeln lag, aber nach allen vier Himmelsrichtungen Zugänge hatte, sind einmal die zwölf Monate zusammengekommen. Von Osten kamen der März, der April und der Mai, von Süden sind Juni, Juli und August gekommen, von Westen eilten September, Oktober und November herbei, und aus dem hohen Norden kamen der Dezember, der Januar und der Februar. Sie hatten sich alle feierlich angezogen. Aber am hübschesten war der Mai gekleidet. Er trug eine Weste aus Krokusblüten und eine knielange Blätterhose, er hatte auf dem Kopf einen Kranz aus Gänseblumen und in der Hand einen blühenden Kirschzweig. Die anderen elf Monate sagten, als sie ihn sahen: »Er ist reizend angezogen, aber sonst ist er ein richtiger Taugenichts!«

Der Mai, als er das hörte, rief eine Schar Kinder herbei, die auf der Wiese spielte, und fragte: »Welcher Monat gefällt euch am besten?«

Die Kinder antworteten, ohne lange zu überlegen: »Du, Herr Mai, bist uns am liebsten!«

»Merkwürdig, daß der Mai den Kindern am besten gefällt«, sagten die übrigen elf Monate. Besonders die drei ernsten Wintermonate Dezember, Januar und Februar wunderten sich. Sie fragten die Kinder: »Warum gefällt euch ausgerechnet der Mai?«

»Weil der nicht so naß, so garstig und so kalt ist wie ihr«, antwortete ein kleines Mädchen.

»Aber er ist ein alberner Fratz!« sagten die drei Wintermonate. »Ihr könnt nichts von ihm lernen!«

»Doch«, erwiderte das Mädchen, »wir haben etwas von ihm gelernt, etwas sehr Schönes und Nützliches sogar!«

Da rissen die drei Wintermonate ihre eisblauen Augen auf und fragten: »Was kann man denn, bittschön, vom Mai lernen?«

»Das Singen!« rief das kleine Mädchen.

»Merkwürdig, daß man vom Mai tatsächlich etwas lernen kann«, sagten die übrigen elf Monate. Aber die drei drallen Sommermonate Juni, Juli und August fügten spöttisch hinzu: »Mag sein, daß man vom Mai das Singen lernt. Aber man kann nicht ewig singen. Und zu anderen Dingen ist der Mai nichts nütze. Der Teich nützt im Mai weder zum Schlittschuhlaufen noch zum Baden; die Erde ist zu kalt, um darauf zu liegen; und zum Schlittenfahren fehlt der Schnee. Die Obstbäume haben noch keine Früchte und die Felder noch kein Korn. Was also kann man im Mai tun? Nur singen, sonst nichts!«

Da trat ein Junge vor und sagte: »Falsch! Man kann im Mai etwas sehr Schönes und Wichtiges tun, wozu es im Winter zu kalt und im Sommer zu heiß ist.«

»Und was wäre das?« fragten die drei Sommermonate gespannt.

»Man kann im Freien tanzen!« rief der Junge.

»Merkwürdig, daß man im Mai tatsächlich etwas Erfreuliches tun kann«, sagten die übrigen elf Monate. Aber die plusterbäckigen drei Herbstmonate September, Oktober und November spotteten und riefen: »Mag sein, daß man im Mai singen und tanzen kann; aber Geschenke hat der Mai keine zu vergeben. Er hat keine Früchte zu verschenken wie wir, kein Korn wie der Sommer und keine Weisheit wie der Winter. Er ist ein armer Hungerleider.«

»Irrtum«, sagten die Kinder. »Der Mai hat wohl etwas zu verschenken. Man kann es nicht essen und trinken, aber Augen und Nase sind glücklich darüber.«

»Und was wäre das?« fragten die drei Herbstmonate gespannt.

»Düfte und Blüten!« riefen die Kinder.

»Merkwürdig, daß der Mai tatsächlich etwas zu verschenken hat«, sagten die übrigen elf Monate.

»Aber es sind bescheidene Geschenke«, sagte spöttisch der Juli. »Er hat keine Rosen und Astern anzubieten, sondern nur Obstbaumblüten und Gänseblümchen.«

»Stimmt, Herr Juli«, rief ein kleiner Junge. »Du hast kostbarere Blumen anzubieten als der Mai; aber du kommst, wenn der Gabentisch schon voll ist. Der Mai beschenkt uns, wenn wir arm sind!«

»Undankbares Volk«, fuhren März und April den Jungen an. »Bringen wir euch nicht die ersten Knospen, Kätzchen und Schneeglöckchen? Beschenken wir euch nicht viel früher als der Mai?«

»Natürlich«, sagte der Junge. »Ihr, Herr März und Herr April, ihr bringt uns die ersten Farben im Jahr; aber ihr bringt sie zögernd und zurückhaltend. Der Mai schenkt fröhlicher und überschüttet uns mit Gaben.«

»Nun, nun«, fuhr der September dazwischen. »Immerhin hat der Sommer stolzere Blumen zu bieten, und der Herbst bringt reichen Früchtesegen.«

Jetzt nahm der Mai selber das Wort und sagte: »Herbst und Sommer verschwenden aus ihrem Reichtum. Ich aber bin arm und verschwende mich selber.«

»Merkwürdig«, sagten die übrigen elf Monate. »Jeder von uns tut sein Bestes für die Menschen. Aber den meisten Dank heimst der Mai ein, obwohl er der leichtsinnigste von uns allen ist!«

»Das kommt, weil er Gott am ähnlichsten ist«, sagte ein altkluger Junge. »Der Mai erschafft wie er aus dem kahlen Erdreich eine ganze bunte Welt.« Der Mai lachte über diese Bemerkung, schlug den Jungen mit dem Kirsch-blütenzweig auf den Kopf und sagte: »Nicht so vorwitzig, Kleiner! Jeder Monat gleicht Gott ein bißchen. Aber ganz gleicht ihm keiner. Daher hat er das größte Lob verdient!«

Diese Antwort versöhnte die übrigen elf Monate.

Quellenverzeichnis

Katrin Arnold, *Tobi findet den Frühling.* © Katrin Arnold.

Anne Braun, *Der Schneemann im Frühling und die kleine Schwalbe.* © Anne L. Braun.

Bruno Horst Bull, *Der Maikäfer im März,* aus: Gelberg (Hrsg.), »Kinderland – Zauberland«. © Georg Bitter Verlag, Recklinghausen 1967.

Willi Fährmann, *Das neue Leben – oder: Wie das Ei zum Osterei wurde.* © Willi Fährmann.

Josef Guggenmos, *Die Tulpe,* aus: ders., »Was denkt die Maus am Donnerstag?«. © Georg Bitter Verlag, Recklinghausen 1967.

Erich Kästner, *Der April,* aus: ders., »Gesammelte Schriften für Erwachsene«, Atrium Verlag, Zürich 1969. © Erich Kästner Erben, München.

Helmar Klier, *Ostermorgen,* aus: ders., »Geschichten von Pauline«. © Helmar Klier.

Rolf Krenzer, *Tanja und die Ostereier,* aus: ders., »Die Osterzeit im Kindergarten«. © edition kemper im Verlag Ernst Kaufmann, Lahr 1984.

Rolf Krenzer, *Die Sache mit dem Osterhasen,* aus: ders., »Drum feiern wir ein Fest – Das Kinderbuch zum Kirchenjahr«, Echter Verlag, Würzburg 1993. © Rolf Krenzer.

James Krüss, *Das Oster-ABC.* © James Krüss.

James Krüss, *Der Apfelbaum ist aufgeblüht.* © James Krüss.

James Krüss, *Der Mai und die Kinder,* aus: Gelberg (Hrsg.), »Kinderland – Zauberland«. © Georg Bitter Verlag, Recklinghausen 1967.

Erica Lillegg, *Der 1. April.* © Erica Lillegg.

Inge Lustig, *Mogel-ei: Frau Maier kauft Eier,* aus: »Die bunte Kinderschaukel«. © Annette Betz Verlag, Wien – München 1978.

Sonja Matthes, *Aus wenig wird viel,* aus: Krenzer/Fritz, »100 einfache Texte zum Kirchenjahr«. © Verlag Ernst Kaufmann, Lahr, und Kösel Verlag, München.

Gudrun Mebs, *Der Ostervater,* aus: dies., »Meistens geht's mir gut mit dir«. © Verlag Nagel & Kimche AG, Zürich/Frauenfeld 1985.

Ingeborg Pilgram-Brückner, *Himmelsschlüssel,* aus: dies., »Die wundersamen Flöten«. © Hohenloher Druck- und Verlagshaus, Gerabronn 1992.

Otfried Preußler, *Der Schusserkönig.* © Otfried Preußler.

Emil Zopfi, *Die Geschichte vom Osterhasen, der seine Eier verlor.* © Emil Zopfi.